국어왕이 되는 고사성어

〈왕이 되는〉 시리즈 ❷
국어왕이 되는 고사성어

초판 1쇄 인쇄 2014년 3월 8일
초판 1쇄 발행 2014년 3월 15일

지음 글공작소

책임편집 김설아
책임디자인 design86

펴낸이 이상순
주간 서인찬
편집장 박윤주
기획편집 유명화, 주리아, 김초희
디자인 유영준, 최성경
마케팅 홍보 김미숙, 이상광, 권장규, 박성신, 박순주
펴낸곳 (주)도서출판 아름다운사람들
주소 (413-756) 경기도 파주시 회동길 103
대표전화 031-955-1001 **팩스** 031-955-1083
이메일 books777@naver.com
홈페이지 www.books114.net

ⓒ2014, 글공작소
ISBN 978-89-6513-278-3 (13710)
      978-89-6513-276-9 (13900) 세트

파본은 구입하신 서점에서 교환해 드립니다.
이 책은 저작권법에 의하여 보호를 받는 저작물이므로 무단 전재와 복제를 금합니다.

국어 왕이 되는 고사성어

지음 글공작소
추천 정명순 (대송초등학교 교사)

아름다운사람들

『국어 왕이 되는 고사성어』가 아이들에게 좋은 이유

1 초등 교과 연계로 국어 과목이 쉬워집니다

고사성어는 한자로 이루어져 자칫 어렵게 느낄 수도 있지만, 수천 년에 걸쳐 전해 내려온 고사성어가 처음에 어떻게 만들어졌는지 그 유래를 알면 한결 이해가 쉬워집니다. 이 책은 아이들이 국어 과목을 배우면서 교과서에 나오는 고사성어와 그에 얽힌 유래를 재미있게 담고 있습니다. 그래서 이 책의 이야기를 읽다 보면 고사성어가 친근하게 느껴지고 안에 담긴 뜻을 이해하게 되어, 시간이 흐른 뒤에도 저절로 머릿속에 오래 남게 됩니다.

아울러 고사성어를 이루는 한자 하나하나마다 알기 쉬운 설명을 덧붙인 구성으로 한자에 대한 이해도 높여 주고 있습니다. 따라서 한 번만 읽어도 국어 과목에 대한 실력이 부쩍 높아지게 됩니다. 특히 국어 과목뿐 아니라 개정교과서의 통합교과와 사회, 과학, 음악, 미술, 체육 등 다양한 과목에 두루 걸친 꼼꼼한 초등 교과 연계는 아이들로 하여금 단순히 책을 읽는 데에서 그치는 것이 아니라 보다 실질적인 학습의 장으로 활용할 수 있도록 도와줍니다.

2 고사성어는 우리말과 다른 교과의 밑거름입니다

『국어 왕이 되는 고사성어』는 고사성어의 정확한 유래뿐만 아니라 오늘날 어떤 의미로 쓰이고 있는지 한눈에 알 수 있도록 도와줍니다. 또한 고사성어 안에 담긴 여러 가지 뜻을 책 안에서 같이 보여 주기 때문에, 하나의 고사성어를 어떻게 생각

하느냐에 따라 다양한 의견을 만들어 낼 수 있는 '생각의 능력'도 함께 키워 줍니다. 또 수없이 많은 고사성어 중에서도 일상에서 쓰임새가 높으며 교과서에도 자주 등장하는 '오십보백보' '모순' '등용문' 등과 같은 고사성어를 골라 담았기에 더욱 쉽고 재미있게 익히도록 도와줍니다.

　상황에 맞는 고사성어 한마디는 길고 복잡한 어떤 설명보다도 호소력 짙은 설득력을 가집니다. 그래서 고사성어를 알고 있으면 대화를 하거나 문학 작품 등을 읽을 때 뜻이 쉽게 이해되는 등 '우리말 실력'이 부쩍 높아집니다. 그뿐만 아니라 외국어 과목을 제외한 다른 교과도 결국은 우리글로 내용을 만듭니다. 그러므로 우리말에 대한 높은 교양과 이해도는 결국 모든 교과 과목의 실력을 높여 주는 밑거름인 것입니다.

3 공부 왕이 되는 〈왕이 되는〉 시리즈

　〈왕이 되는〉 시리즈는 우리 아이들에게 "아, 공부가 이렇게 즐거운 것이구나!" 하는 것을 깨쳐 줍니다. 아울러 궁금한 것이 많은 우리 아이들의 지적 호기심도 동시에 해결해 주는 시리즈입니다. 공부의 맛과 재미는 탄탄한 기초 교양의 주춧돌 위에 세울 때 그 효과가 배가됩니다. 그리고 이 기초 교양은 우리 아이들이 학습에서 자기 주도적 능력을 내는 데 큰 밑거름이 됩니다. 『국어 왕이 되는 고사성어』는 고사성어를 알고 이해하는 과정을 통해, 국어 과목에 등장하는 고사성어와 속담뿐 아니라 우리나라와 동아시아의 역사와 문화 등에 대한 다양한 지식을 두루 키울 수 있도록 만들었습니다. 우리 아이들이 이 책을 통해 목적하는 바를 달성하여 국어 과목에 대한 '공부 왕'이 되기를 바랍니다.

초등 교과 연계
차례

『국어 왕이 되는 고사성어』가 아이들에게 좋은 이유 … 4

가정맹어호 • 호랑이보다 더 무서운 것 … 16
- WOW 공자와 사서오경
- WOW 가렴주구를 몰아내자!

각주구검 • 물속에 떨어뜨린 칼 … 20
- WOW 어리석은 기다림, 수주대토

개과천선 • 나쁜 점을 고쳐서 착한 사람이 돼요 … 23
- WOW 뼛속부터 바뀌는 환골탈태

결초보은 • 풀을 엮어 은혜를 갚아요 … 27
- WOW 산 사람을 함께 묻는 순장
- WOW 죽어서도 잊지 못할 은혜, 백골난망

계륵 • 쓸모는 없어도 버리기는 아까운 것 … 31
- WOW 이러지도 저러지도 못하는 진퇴양난
- WOW 꾀가 조조다

계명구도 • 닭 울음소리도 개 도둑도 쓸모 있어요 ⋯ 34
- 🆆🅾🆆 굼벵이도 구르는 재주가 있다
- 🆆🅾🆆 중국 최고의 역사서, 『사기』

고육지책 • 살갗이 터지는 고통을 무릅쓴 꾀 ⋯ 38
- 🆆🅾🆆 『삼국지』 최고의 전투, 적벽 대전
- 🆆🅾🆆 스스로 불러온 불행, 자승자박

곡학아세 • 배움의 뜻을 굽히고 아첨하는 것 ⋯ 42
- 🆆🅾🆆 겉과 속이 다른 혹세무민

과유불급 • 지나친 것은 모자람만 못해요 ⋯ 45
- 🆆🅾🆆 어느 한쪽으로 치우치지 않는 중용

관포지교 • 관중과 포숙의 두터운 우정 ⋯ 48
- 🆆🅾🆆 간과 쓸개를 내보일 정도로 친한 사이

괄목상대 • 눈을 비비고 다시 볼 만큼 실력이 늘어요 ⋯ 51
- 🆆🅾🆆 나날이 다달이 발전하는 일취월장

교각살우 • 소뿔을 바로잡으려다 소를 죽여요 ⋯ 54
- 🆆🅾🆆 빈대 잡으려다 초가삼간 태운다

구밀복검 • 얼굴에는 꿀 미소를, 가슴에는 날카로운 칼을 ⋯ 57
- 🆆🅾🆆 경국지색 양귀비와 현종
- 🆆🅾🆆 딴생각을 가진 면종복배

구사일생 • 죽을 고비를 여러 차례 넘기고 간신히 살아나요 ⋯ 61
- 🆆🅾🆆 단오의 기원이 된 굴원의 죽음

구우일모 • **소 아홉 마리 가운데 고작 털 하나** … 64
🗨 소나 말의 똥처럼 아주 하찮은 것, 우수마발

군계일학 • **닭 무리 속에 홀로 빛나는 학 한 마리** … 67
🗨 자연과 더불어 살았던 일곱 선비, 죽림칠현
🗨 가장 뛰어난 흰 눈썹, 백미

권토중래 • **흙먼지를 일으키며 다시 쳐들어와요** … 71
🗨 당나라 최고의 시인 두보 그리고 두목

금의환향 • **비단옷을 입고 고향으로 돌아가요** … 75
🗨 비단옷을 입어도 인정 못 받는 금의야행
🗨 하늘에 맡긴 마지막 승부, 건곤일척

기우 • **쓸데없는 근심 걱정** … 79
🗨 안팎으로 걱정뿐, 내우외환

기호지세 • **호랑이 등에 올라탄 것처럼 멈출 수 없어요** … 82
🗨 수나라 100만 대군을 무찌른 을지문덕 장군

난형난제 • **형과 아우를 가리기 어려울 만큼 비슷한 능력** … 85
🗨 위아래를 구분하기 어려운 막상막하

남가일몽 • **나무 아래서 꾼 꿈속의 부귀영화** … 88
🗨 일장춘몽과 김만중이 쓴 소설 『구운몽』

남상 • **어떤 사물이나 일의 처음** … 91
🗨 전쟁을 알리는 화살이었던 효시

낭중지추 • 주머니 속의 송곳처럼 뛰어난 존재 ··· 94
🔊 자기 자신을 추천하는 모수자천

농단 • 높은 곳에서 내려다보며 이익을 독차지해요 ··· 97
🔊 맹자가 주장한 성선설
🔊 모든 일은 내 마음대로 좌지우지

다다익선 • 많으면 많을수록 좋아요 ··· 100
🔊 난봉꾼의 다리 사이를 기어간 한신

당랑거철 • 큰 수레를 막아 버린 무모한 사마귀 ··· 103
🔊 하룻강아지 범 무서운 줄 모른다

대기만성 • 큰 그릇을 만들려면 오랜 시간이 걸려요 ··· 106
🔊 노자와 『도덕경』

도외시 • 중요하지 않아서 무시해요 ··· 109
🔊 반갑지 않은 손님과 반가운 손님

독서백편의자현 • 어려운 책도 여러 번 읽으면 저절로 이해돼요 ··· 112
🔊 죽간 끈이 세 번 끊어질 만큼 읽는 위편삼절

동가식서가숙 • 동쪽에서 밥 먹고 서쪽에서 잠자요 ··· 115
🔊 짐을 싸 들고 이리저리 떠도는 남부여대

동병상련 • 같은 병이 있으면 서로 가엽게 여겨요 ··· 118
🔊 과부 사정은 홀아비가 안다

등용문 • 물고기가 용이 되는 곳, 출세의 관문 ··· 121
🗨 가장 뛰어나서 압권

맹모삼천지교 • 아들의 교육을 위해 이사한 맹자 어머니 ··· 123
🗨 베틀의 베를 끊은 단기지계와 맹자 어머니
🗨 수많은 학자와 사상을 일컫는 제자백가

모순 • 말이나 행동의 앞뒤가 맞지 않아요 ··· 127
🗨 자가당착에 빠지다

목불식정 • 배운 게 없어서 아는 글자가 없어요 ··· 130
🗨 낫 놓고 기역 자도 모른다

무릉도원 • 복숭아꽃이 아름답게 핀 낙원 ··· 133
🗨 무릉도원과 유토피아

미봉책 • 임시방편으로 잠깐 눈가림해요 ··· 136
🗨 인격자 군자와 비인격자 소인

미생지신 • 융통성 없이 약속만 굳게 지키는 것 ··· 139
🗨 상사병 그리고 사춘기
🗨 꽉 막힌 사람, 교주고슬

반골 • 권위나 부정에 저항하는 사람 ··· 143
🗨 『삼국지』와 중국의 4대 기서

방약무인 • 말과 행동을 함부로 하는 사람 ··· 146
🗨 다른 사람을 업신여기는 안하무인

배수진 • 물러설 곳이 없어 죽을 각오로 싸워요   ⋯ 149
　🗨 이순신 장군의 명언, 필사즉생 필생즉사

백아절현 • 거문고 줄을 끊어 영원한 우정을 표시해요   ⋯ 152
　🗨 물과 물고기 같은 친구, 수어지교
　🗨 조선의 지음, 오성과 한음

백전백승 • 백 번을 싸워도 모두 이겨요   ⋯ 156
　🗨 손자와 『손자병법』

분서갱유 • 불타는 책과 생매장된 선비   ⋯ 159
　🗨 영원히 살 수 있는 풀, 불로초

사면초가 • 누구의 도움도 없는 외롭고 곤란한 지경   ⋯ 162
　🗨 바람 앞의 등불처럼 위태로운 풍전등화

삼고초려 • 훌륭한 인재를 맞기 위해 몇 번이고 찾아가요   ⋯ 165
　🗨 숨어 있는 인재, 복룡봉추

상전벽해 • 뽕나무밭이 바다가 될 만큼 세상이 변해요   ⋯ 168
　🗨 하늘과 땅이 열리는 천지개벽

새옹지마 • 복이 화가 되기도 하고 화가 복이 되기도 해요   ⋯ 170
　🗨 돌고 도는 전화위복

순망치한 • 이와 잇몸처럼 떼려야 뗄 수 없는 관계   ⋯ 173
　🗨 어쨌든 이기는 길, 가도멸괵

양두구육 • 양 머리를 내걸고 개고기를 파는 것 ⋯ 176
🗨 겉은 화려하나 속은 빈 외화내빈

양상군자 • 도둑을 점잖게 일컫는 말 ⋯ 179
🗨 양상군자와 장발장

어부지리 • 둘이 다투는 동안 엉뚱한 사람이 이익 봐요 ⋯ 182
🗨 결국은 어부지리, 방휼지쟁

역린 • 임금의 노여움 ⋯ 185
🗨 한비자가 주장한 법치주의

역지사지 • 다른 사람과 입장을 바꿔 생각해요 ⋯ 188
🗨 제 논에 물 대기, 아전인수

연목구어 • 나무에 올라가 물고기를 찾아요 ⋯ 191
🗨 우물에 가 숭늉 찾는다

오리무중 • 안개 속에 있는 것처럼 아무것도 알 수 없어요 ⋯ 194
🗨 학도 아니고 봉도 아니다
🗨 분명하지 않은 애매모호

오십보백보 • 약간 차이는 있어도 사실은 거기서 거기 ⋯ 197
🗨 도토리 키 재기

와신상담 • 뜻을 이루기 위해 온갖 고난을 참아요 ⋯ 200
🗨 원수도 힘을 합치는 오월동주
🗨 전쟁에 패한 치욕, 회계지치

완벽 • 아무런 결점 없이 완전한 것 ⋯ 204
🔊 매우 완벽한 천의무봉

우공이산 • 우공이 산을 옮겨요 ⋯ 207
🔊 지성이면 감천

읍참마속 • 큰 뜻을 이루고자 아끼는 사람을 버려요 ⋯ 210
🔊 상과 벌을 공평하게, 신상필벌

일자천금 • 천금의 값어치가 있을 만큼 빼어난 글씨나 문장 ⋯ 213
🔊 거만한 사람이 멋대로 행동하는 오만 방자

절치부심 • 어찌나 분한지 이를 갈고 속을 썩여요 ⋯ 216
🔊 복수는 나의 것, 칠신탄탄

점입가경 • 일이 점점 더 재미있게 변해 가요 ⋯ 220
🔊 엎친 데 덮친 격, 설상가상

정중지와 • 우물 안 개구리 ⋯ 222
🔊 바다를 이해하지 못한 개구리와 독불장군

조삼모사 • 아침에는 세 개, 저녁에는 네 개 ⋯ 225
🔊 아침저녁으로 바뀌는 조변석개

주지육림 • 술로 만든 연못과 고기로 만든 숲 ⋯ 228
🔊 연산군과 흥청망청

죽마고우 • 어릴 때부터 같이 놀며 자란 친구 ⋯ 231
🔊 종이가 생기기 전에는 죽간으로

지록위마 • 사슴더러 말이라고 우겨요 ··· 234
🗨 콩을 팥이라고 우기는 막무가내
🗨 줏대 없는 부화뇌동

천고마비 • 하늘은 높아지고 말은 살찌는 계절 ··· 238
🗨 인류 최대의 토목 공사, 만리장성

청출어람 • 스승보다 더 훌륭한 제자 ··· 241
🗨 순자가 주장한 성악설

칠종칠금 • 일곱 번 잡았다가 놓아 줄 만큼 마음대로 다뤄요 ··· 244
🗨 제갈량과 출사표

타산지석 • 다른 이의 하찮은 언행에서 교훈을 얻어요 ··· 247
🗨 반면교사로 삼자

토사구팽 • 토끼를 잡고 나면 사냥개를 삶아 먹어요 ··· 250
🗨 달면 삼키고 쓰면 뱉는 감탄고토

파죽지세 • 대나무를 쪼개듯 거침없는 기세 ··· 253
🗨 아침 해가 떠오르듯이, 욱일승천

함흥차사 • 한 번 가면 소식이 끊겨요 ··· 256
🗨 태종과 왕자의 난

형설지공 • 눈 빛과 반딧불에 의지해서 공부해요 ··· 259
🗨 힘들어도 주경야독

호가호위 • 남의 권세를 빌려 허세를 부리는 것 ··· 262
🔴 서로 다른 사상을 자유롭게 논했던 백가쟁명

호접지몽 • 나비가 되었던 장자의 꿈 ··· 265
🔴 도가 사상과 무위자연
🔴 거의 비슷한 대동소이

화룡점정 • 용 그림에 눈동자를 찍었더니 하늘로 날아가요 ··· 268
🔴 시작은 용처럼, 끝은 뱀처럼

가정맹어호

호랑이보다 더 무서운 것

2학년 2학기 통합 교과 우리나라 - 우리나라와 이웃 나라
5학년 1학기 사회 2. 다양한 문화를 꽃피운 고려
5학년 1학기 사회 3. 유교 전통이 자리 잡은 조선
5학년 2학기 사회 1. 조선 사회의 새로운 움직임
5학년 2학기 사회 2. 새로운 문물의 수용과 자주독립
6학년 1학기 사회 1. 우리 국토의 위치와 영역
6학년 1학기 도덕 3. 우리 함께 지켜요
6학년 2학기 사회 2. 세계 여러 지역의 자연과 문화
6학년 2학기 도덕 10. 참되고 숭고한 사랑

苛	政	猛	於	虎
가혹할	정사	사나울	어조사	범
가	정	맹	어	호

　중국의 위대한 철학자 공자가 제자들과 함께 태산 기슭의 길가를 지나고 있던 때였어요. 그 길가에는 무덤 세 개가 나란히 있었지요. 그런데 한 여인이 그 앞에서 울고 있었어요. 공자는 우선 그 무덤을 향하여 예를 표하고 제자인 자로에게 말했어요.

　"어찌 이런 험한 곳에서 여인이 울고 있는 것이냐. 자로야, 네가 가서 저 여인이 왜 울고 있는지를 물어보아라."

그러자 자로가 여인에게 다가가 물었어요.

"부인, 무슨 일로 그리 슬피 우십니까?"

자로의 물음에 여인은 겨우 마음을 추스르고 대답했어요.

"가족을 잃은 슬픔이 너무 커 정신을 차릴 수가 없습니다."

"저런, 어쩌다 가족을 잃으셨습니까?"

"여기는 무서운 호랑이의 피해가 아주 심한 곳입니다. 몇 년 전에는 시아버님이 호랑이로 인해 변을 당하시고, 작년에는 남편이 당했습니다. 그러더니 이번에는 그만 아들까지 호랑이에게 잡아먹혔지 뭡니까. 시아버님과 남편도 모자라 하나뿐인 자식까지 잃어 비통한 심정에 이리 울고 있습니다."

공자와 사서오경

공자는 중국 고대의 사상가로서 유교를 창시한 사람이에요. 그는 최고의 덕을 인이라고 여겼어요. 여기서 '인'이란 자기 자신을 이기고 예에 따르는 삶을 뜻해요. 그리고 가혹한 정치는 호랑이보다 무섭다는 뜻인 가정맹어호는 유교 경전 중 하나인 『예기』에 나오는 말이에요. 『예기』는 유교의 대표 경전인 사서오경 중 오경에 속하는 책이에요. 오경이란 『시경』, 『서경』, 『역경』, 『춘추』, 『예기』를 가르키지요.

공자와 제자들은 여인의 슬픈 사연에 가슴이 아팠어요. 그러나 한편으로는 이 위험한 산중을 떠나지 않는 여인이 의아해졌어요. 여인의 가족들을 해친 호랑이가 또다시 나타나지 않으리라는 보장은 없으니까요. 그래서 자로는 여인에게 다시 한 번 물었어요.

"그런데 부인께서는 왜 이곳을 떠나 마을로 내려가지 않으셨습니까? 이곳에 있다가는 부인께서도 언제 화를 당할지 모르는 일 아닙니까?"

여인은 나란히 놓인 세 개의 무덤을 쳐다보며 한숨을 내쉬면서 대답했어요.

가렴주구를 몰아내자!

가렴주구 역시 가정맹어호와 속뜻이 비슷한 말이에요. 가혹하게 세금을 거두거나 백성의 재물을 억지로 빼앗는 정치나 관리를 말해요. 우리나라에서 가렴주구라고 할 때 가장 대표적인 인물 중 한 사람은 바로 조선 시대의 고부 군수 조병갑이에요. 조병갑은 조정의 뒷배를 믿고 백성들을 못살게 굴고 온갖 트집을 잡아 재물을 빼앗아 갔어요. 견디다 못한 농민들이 녹두 장군 전봉준을 중심으로 1892년 들고일어났지요. 이것을 동학 농민 운동이라고 해요.

苛	斂	誅	求
가혹할	거둘	책망할	구할
가	렴	주	구

18 국어 왕이 되는 고사성어

"하지만 이곳에는 못된 벼슬아치가 없으니까요. 산중에서 날뛰는 호랑이도 무섭지만 혹독한 세금을 물리고 억울하게 재물을 빼앗아 가는 관리는 더 무섭습니다. 그래서 차마 이곳을 떠나지 못하는 것이지요."

그 말을 들은 공자는 길게 탄식하며 제자들에게 이렇게 말했어요.

"제자들아, 명심하여라. 가혹한 정치는 호랑이보다 더 무섭다."

공자의 이 말은 후대에 널리 전해져 못된 관리들의 잘못된 행태와 착취를 경계하는 말로 쓰이고 있어요.

각주구검
물속에 떨어뜨린 칼

2학년 2학기 통합 교과 우리나라 - 우리나라와 이웃 나라
6학년 1학기 사회 1. 우리 국토의 위치와 영역
6학년 2학기 사회 2. 세계 여러 지역의 자연과 문화

刻	舟	求	劍
새길	배	구할	칼
각	주	구	검

중국 초나라 때의 일이에요. 어떤 사내가 배를 타고 강을 건너고 있었어요. 주변 사람들과 정신없이 이야기하던 그는 허리에 찼던 칼을 그만 강물에 떨어뜨리고 말았어요. 칼은 벌써 물속 저 깊은 곳까지 가라앉아 어떻게 손을 쓸 방도가 없었어요. 그러자 사내는 재빨리 가지고 있던 단검을 꺼내서 칼이 떨어진 배의 가장자리에 표시를 새겨 놓았어요. 그런 다음 안심하며 말했지요.

"이곳이 내 칼이 떨어진 곳이다. 그러니 이렇게 표시해 놓으면 틀림없이 떨어진 칼을 다시 찾을 수 있겠지."

잠시 후 배가 나루터에 도착하자 그는 자신이 표시해 두었던 뱃전을 확인하고 물속으로 들어갔어요. 하지만 아무리 찾아도 떨어뜨린 칼을 찾을 수가 없었지요. 사내는 한참 동안 물속을 헤매고는 뭍으로 올라와 말했어요.

"이게 어떻게 된 일인지 모르겠구나. 분명히 검이 떨어진 곳을 표시해 놓았는데 도대체가 보이지 않으니 말이야!"

그러자 그 모습을 지켜보던 주위 사람들이 혀를 차며 말했어요.

"이보게, 자네가 칼을 떨어뜨렸던 그곳에서 배가 이미 지나오지 않았는가. 그러니 칼이 있을 리 없지."

"그래, 자네 칼은 애초에 떨어진 그 자리에 가라앉아 있을 텐데 말이야. 엉뚱

어리석은 기다림, 수주대토

수주대토는 각주구검과 비슷한 말이에요. 나무를 지키며 토끼가 와서 부딪혀 죽기를 기다린다는 뜻이지요. 옛날에 토끼 한 마리가 나무 기둥에 부딪혀 죽어 있는 것을 우연히 보고 주운 사람이 있었대요. 이후 그는 또다시 그런 행운을 바라며 온종일 나무만 지켰다고 하는데요. 이처럼 어리석은 모습을 수주대토라고 해요. 주위에 이런 사람이 있다면 참 답답하겠지요.

守	株	待	兎
지킬	그루터기	기다릴	토끼
수	주	대	토

한 곳에서 칼을 찾고 있으니 그 무슨 황당한 짓인가?"

결국 사내는 칼을 되찾지 못한 채 집으로 돌아갔어요.

세월이 흘러 이 초나라 사내의 이야기는 후대 정치가들의 귀에까지 전해졌어요. 그들은 이 이야기를 정치와 비교하여 교훈으로 삼았어요. 즉 훌륭한 정치가란 지난 시대의 예와 법에 얽매이지 않고 새로운 시대에 걸맞은 정치를 구현해야 함을 깨닫게 된 거예요.

또한 초나라 사내의 일화는 오늘날까지 '각주구검'이라는 말로 전해지고 있어요. '각주구검'이란 '융통성이 없어 상황의 변화를 파악하지 못하고 낡은 생각만 고집하는 어리석음'을 뜻해요.

나쁜 점을 고쳐서 착한 사람이 돼요

개과천선

2학년 2학기 통합 교과 우리나라 – 우리나라와 이웃 나라
6학년 1학기 사회 1. 우리 국토의 위치와 영역
6학년 2학기 사회 2. 세계 여러 지역의 자연과 문화

改	過	遷	善
고칠	지날	고칠	착할
개	**과**	**천**	**선**

중국 진나라 때의 일이에요. 양흠이라는 곳에 주처라는 사람이 살고 있었어요. 그는 성격이 거칠고 포악하여 온갖 나쁜 짓을 일삼았어요. 어려서부터 남달리 기골이 장대했던 그는 자신의 힘만 믿고 아무나 두들겨 패기 일쑤였지요. 또 무엇이든 제멋대로 하려 들었어요. 게다가 예의라고는 찾아볼 수가 없어 사람들에게 함부로 시비를 걸었고 노인을 보고도 인사할 줄을 몰랐어요.

그래서 마을 사람들은 되도록 그와 마주치지 않으려고 했어요. 주처의 못된 심보가 언제 또 발동할지 모르는 일이니까요. 그러나 주처는 삐뚤어진 제 행실 때문에 사람들이 자신을 멀리하는 것은 깨닫지 못하고 자신을 피하는 마을 사람들만 야속하다고 생각했어요.

어느 날 참다못한 주처는 마을 사람들을 모두 불러 모아 물었어요.

"지금 세상은 전쟁도 굶주림도 없이 편안하여 모두가 잘 살고 있는데, 왜 당신들은 나만 보면 얼굴을 그렇게 찡그리는 거요?"

"……."

사람들은 주처가 두려워 사실대로 말하지 못하고 서로 눈치만 보았어요. 답답해진 주처는 한 번 더 소리쳐 물었어요.

"다시 묻겠소! 왜 다들 나를 피하는 거요? 어디 속 시원히 말해 보시오!"

그러자 마침내 용기 있는 사내 하나가 앞으로 나섰어요.

"우리 마을에는 세 가지 해로움이 있소. 그런데 이것을 제거하지 못했으니 어찌 얼굴을 찡그리지 않을 수 있겠소?"

"세 가지 해로움이라니?"

주처가 의아한 얼굴로 되묻자 사내는 분노 서린 얼굴로 대답했어요.

"저 남산에 사는 사나운 호랑이가 첫째요. 연못 속에 살고 있는 교룡이 그 둘째요. 그리고 마지막은 바로 주처 당신이오."

사내의 말에 마을 사람들은 그제야 너도나도 손뼉을 치며 고개를 끄덕였어요. 주처는 얼굴이 붉게 달아올랐어요. 그제야 자신의 말과 행동이 얼마나 다른 사람을 괴롭혀 왔는지 알게 된 거예요.

주처는 그날로 잘못을 크게 뉘우쳤어요. 그래서 속죄의 의미로 남산에 올라가 호랑이를 잡아 죽이고, 연못의 교룡 또한 잡아 없애 버려 새로운 사람으로 태어나고자 했어요. 하지만 마을 사람들은 주처가 새사람이 된 것을 아무도 믿지 않았어요. 혹시 자신들을 속이려는 것은 아닌지 의심하면서 말이에요.

마을 사람들의 태도에 잔뜩 실망한 주처는 이름난 선비를 찾아가 하소연했어요. 그러자 선비가 말했어요.

"한두 번에 실망하지 말고 굳은 의지로 지난날의 잘못을 고쳐 가게. 그 행동을 꿋꿋이 계속한다면 앞으로는 모두가 자네를 믿어 줄 거라네."

뼛속부터 바뀌는 환골탈태

환골탈태란 뼈를 바꾸고 탯줄을 바꾼다는 뜻이지요. 사람이 보다 나은 방향으로 변하여 전혀 딴사람처럼 된 것을 말해요. 더 나은 방향으로 완전히 새로운 사람이 된다는 뜻에서 개과천선과 비슷한 의미를 담고 있어요. 또한 환골탈태는 다른 사람의 작품을 수정하여 더 나은 작품으로 만들어 내는 경우에도 쓰는 말이에요.

換	骨	奪	胎
바꿀	뼈	빼앗을	아이 밸
환	골	탈	태

이 말에 용기를 얻은 주처는 이후에도 계속 착한 일을 하였을 뿐만 아니라 학문에도 열중하였지요. 마침내 그로부터 십수 년 후에는 세상에 이름을 떨치는 선비가 되어 사람들을 놀라게 했어요. 여기에서 나온 말이 '개과천선'이에요. 이는 '지난날의 잘못과 좋지 않은 점을 고쳐 착하게 변하다'라는 뜻으로 오늘날까지 쓰이고 있어요.

결초보은
풀을 엮어 은혜를 갚아요

2학년 2학기 통합 교과 우리나라 - 우리나라와 이웃 나라
3학년 2학기 국어 6. 서로의 생각을 나누어요
5학년 1학기 사회 1. 하나 된 겨레
6학년 1학기 사회 1. 우리 국토의 위치와 영역
6학년 2학기 사회 2. 세계 여러 지역의 자연과 문화

結	草	報	恩
맺을	풀	갚을	은혜
결	초	보	은

중국 춘추 시대의 진나라에는 위무자라는 사람이 있었어요. 그에게는 총애하는 여인이 있었지요. 여인에 빠져 지내던 위무자는 자신이 병이 들어 기력이 약해지자 아들 위과를 불러 이렇게 말했어요.

"내가 죽거든 나의 애첩을 다른 사람과 결혼시키도록 하여라. 나와 애첩 사이에는 자식이 없으니 마음이 불편할 일은 없을 것이다."

위과는 아버지에게 꼭 그리하겠노라 약속했어요.

얼마 후 위무자의 병은 더욱 깊어졌어요. 금방이라도 목숨이 끊어질 듯 위독한 상황이 되었지요. 그러자 위무자는 위과를 다시 불러들여 말했어요.

"내가 죽거든 애첩을 내 무덤에 함께 묻어다오."

위과는 이전의 유언과는 정반대로 말씀하시는 아버지의 말에 깜짝 놀랐어요. 그러나 위독하신 아버지 앞이라 아무런 내색도 없이 꼭 그리하겠노라 대답하였어요.

마침내 위무자가 죽자 애첩은 슬픔과 두려움이 섞인 눈물을 쏟아 냈어요. 자신을 사랑해 주던 위무자가 죽은 것은 슬펐지만, 깊고 캄캄한 무덤 속에 산 채

산 사람을 함께 묻는 순장

순장은 한 집단의 지배 계급에 속하는 사람이 죽었을 때 아랫사람들을 죽은 사람과 함께 묻는 것을 뜻해요. 옛날에는 사람이 죽어도 영혼은 죽지 않는다고 생각했어요. 그래서 무덤 속에는 죽은 이가 생전에 사용했던 무기나 장신구를 비롯하여 그가 거느렸던 첩과 종, 신하까지 산 채로 함께 묻어 버렸어요. 하지만 산 사람을 묻는 것은 너무나 잔인한 일이지요. 그래서 우리나라에서는 신라 지증왕 때 처음 순장 제도를 폐지했고요. 이후 점차 모든 나라에서 폐지되었어요.

로 그와 함께 묻혀 죽을 자신의 신세가 한탄스러웠던 거예요.

위과는 아버지 유언 중 무엇을 따를지 한참 고민했어요. 결국 위과는 애첩을 아버지의 무덤에 함께 묻지 않고 다른 사람과 결혼시켜 내보내며 말했어요.

"사람이 위독해지면 마음이 흐트러지는 법입니다. 나는 아버지께서 올바른 정신으로 했던 말씀을 따르기로 했습니다."

애첩은 자신을 살려 준 위과에게 감사하면서 떠나갔어요.

그 후 세월이 흘러 진나라에 전쟁이 일어났어요. 이때 전쟁에 나간 위과는 크게 패하여 적장 두회에게 쫓기고 있었어요. 한참을 정신없이 도망치던 위과는 저 멀리 넓은 초원에서 한 노인이 풀을 서로 엮고 있는 모습을 보았어요. 위과는 초원을 무사히 지나갔지요. 그렇지만 그를 뒤쫓던 두회는 노인이 엮어 놓은 풀에 걸려 넘어지고 말았어요. 그러자 위과는 재빨리 말 머리를 돌려 쓰러져 있는 두회를 단번에 사로잡았고요. 또한 전세를 역전시켜서 전쟁을 승리로 이끌었어요.

그날 밤 위과의 꿈에 낮에 보았던 그 노인이 나타났어요.

"당신은 낮에 보았던 그 노인 아니오?"

그러자 노인은 위과에게 공손히 인사하고는 이렇게 말하고 사라졌어요.

"나는 당신 아버지가 돌아가셨을 때 당신이 함께 순장시키지 않은 여인의 아비 되는 사람이오. 당신이 내 딸의 목숨을 구해 주었기 때문에 오늘 내가 죽어서도 그 은혜를 잊지 않고 풀을 엮어 은혜를 갚은 것이오."

이때부터 '풀을 엮어 은혜를 갚는다'는 뜻의 '결초보은'은 '죽어서도 은혜를 잊지 않고 갚는다'는 뜻으로 쓰이고 있어요.

죽어서도 잊지 못할 은혜, 백골난망

백골난망이란 죽어도 잊지 못할 큰 은혜를 입는다는 말이에요. 여기서 백골(白骨)은 죽은 사람의 살이 다 썩고 난 뼈를 뜻하고, 난망(難忘)은 잊기 어려움을 뜻해요. 즉 백골난망은 죽고 난 뒤 백골이 되어도 잊을 수 없을 만큼의 고마움을 표하는 것이지요. 하지만 요즘은 은혜를 잊지 못하고 갚는 것이 아니라 원수로 갚는 경우도 많아요. 우리는 이런 사람이 되어서는 안 되겠지요. 그래서 우리 속담에는 '원수는 물에 새기고 은혜는 바위에 새겨라'라는 말이 있어요.

白	骨	難	忘
흰	뼈	어려울	잊을
백	**골**	**난**	**망**

쓸모는 없어도 버리기는 아까운 것

계륵

2학년 2학기 통합 교과 우리나라 - 우리나라와 이웃 나라
6학년 1학기 사회 1. 우리 국토의 위치와 영역
6학년 2학기 사회 2. 세계 여러 지역의 자연과 문화

鷄 닭 계   肋 갈비 륵

    위·촉·오라는 나라로 갈려 있던 중국 삼국 시대의 일이에요. 위나라 조조와 촉나라의 유비가 한중이란 곳을 두고 서로 결전을 벌였어요. 양쪽은 몇 달 동안 치열하게 싸웠지만 싸움은 좀처럼 끝이 나지 않았어요. 상황이 이렇게 되자 조조는 고민이 되었어요. 계속된 싸움으로 인해 준비한 식량은 모두 동이 났고요. 먼 길을 오느라 지친 병사들의 사기도 땅에 떨어졌어요. 더 이상 전투를 계속하는 것은 무리라는 생각이 조조의 머릿속에서 떠나지 않았어요.

    그러던 어느 날 밤이었지요. 하후돈이라는 장수가 암호를 묻기 위해 조조를 찾아왔어요. 마침 저녁을 먹고 있던 조조의 밥상에는 닭찜이 놓여 있었는데요. 조조는 닭찜을 보며 엉겁결에 이렇게 대답했어요.

"오늘 밤은 계륵으로 해라."

하후돈은 조조가 내린 암호를 다른 장수들에게 전달했어요. 그러자 다른 장수들은 모두 고개를 갸웃했어요.

"계륵은 닭의 갈비라는 뜻이 아니오? 지금까지 이렇게 희한한 암호를 받기는 처음이오. 도대체 이게 무슨 뜻이란 말이오?"

그때 양수라는 장수가 갑자기 막사로 돌아가 짐을 꾸리기 시작했어요. 의아해진 동료들은 양수에게 짐을 꾸리는 이유를 물었지요. 그러자 양수는 조용히 미

이러지도 저러지도 못하는 진퇴양난

진퇴양난은 이러지도 저러지도 못하는 어려운 처지를 가리키는 말이에요. 나아가는 것도 물러서는 것도 모두 어려운 상황을 뜻해요. 이때 퇴(退) 자는 있던 자리에서 뒤나 옆으로 비켜서는 '물러나다'라는 뜻이에요. 그리고 무엇이 낡거나 그 존재가 볼품없이 됨을 비유적으로 이르는 말인 퇴색(退色)에도 사용돼요.

進	退	兩	難
나아갈	물러날	두	어려울
진	퇴	양	난

소를 지으며 대답했어요.

"계륵, 즉 닭갈비란 먹을 만한 고기가 없으나 버리긴 아까운 것 아니오. 조조께서는 이 한중의 땅이 계륵과 같다고 생각하시는 것 같소. 그러한즉 머지않아 우리 군대는 퇴각하여 고향으로 돌아갈 것이니 미리 짐을 꾸리는 것이지요."

조조는 양수의 행태를 전해 듣고는 병사들의 사기를 꺾는 유언비어를 퍼뜨린 죄로 그를 처형하였어요. 그러나 이로부터 며칠 뒤 조조는 정말 양수가 말한 대로 군대를 퇴각시켜 고향으로 돌아갔어요. 양수는 '계륵'이라는 암호를 통해 조조의 마음을 꿰뚫어 보았던 셈이에요. 이때부터 '닭의 갈비'를 뜻하는 '계륵'은 '별 쓸모는 없지만 버리기는 아까운 것'을 비유하는 말로 쓰이기 시작했어요.

꾀가 조조다

삼국 시대의 위·촉·오 중에서 위나라를 세운 조조는 촉나라를 세운 유비와 더불어 한 시대를 풍미한 영웅의 한 사람이에요. 유비가 덕으로 부하를 다스리는 사람인 덕장(德將)에 비유된다면, 조조는 꾀와 재능으로 승리를 이끌어 내는 지장(智將)에 비유돼요. 그래서 우리말에도 꾀가 많은 사람을 말할 때 '꾀가 조조다'라고 해요.

계명구도
닭 울음소리도 개 도둑도 쓸모 있어요

2학년 2학기 통합 교과 우리나라 - 우리나라와 이웃 나라
3학년 1학기 과학 3. 동물의 한살이
3학년 2학기 국어 6. 서로의 생각을 나누어요
6학년 1학기 사회 1. 우리 국토의 위치와 영역
6학년 2학기 사회 2. 세계 여러 지역의 자연과 문화

鷄	鳴	狗	盜
닭	울	개	훔질
계	명	구	도

중국 전국 시대의 제나라에는 맹상군이라는 사람이 있었어요. 그는 출신과 신분에 관계없이 자신을 찾아오는 사람이라면 누구라도 자신의 집에 머물게 하고 더불어 식사도 대접했어요. 그러다 보니 맹상군의 집에 와서 함께 밥을 먹는 식객이 많을 때는 무려 3천 명도 넘을 정도였어요. 심지어 개 도둑과 닭 울음소리를 잘 내는 하찮은 사람까지 자신의 집에 받아들였지요. 하지만 어떤 이는 같은 식객 처지이면서도 그런 하찮은 사람까지 받아들인다고 불평하였어요.

그러던 어느 날이었어요. 진나라의 소왕은 맹상군이 어질다는 소문을 듣고 그를 진나라로 초청하였어요. 맹상군은 소왕을 만나러 가서는 호백구를 선물로 바쳤어요. '호백구'란 여우의 겨드랑이 털로 만든 귀한 가죽옷이에요. 맹상군을 만나 본 소왕은 그가 몹시 마음에 들어 즉시 진나라의 정승으로 삼으려 했어요. 그러나 한 신하가 반대하고 나섰어요.

"맹상군은 현명하나 제나라의 왕족입니다. 그가 진나라 정승이 되면 진나라보다는 제나라를 위해 일할 것입니다."

듣고 보니 틀린 말도 아니었지요. 그래서 소왕은 맹상군을 정승으로 삼으려는 계획을 취소하고 오히려 그를 붙잡아 가두었어요. 어이없이 감옥에 갇히게 된

굼벵이도 구르는 재주가 있다

계명구도는 우리 속담 '굼벵이도 구르는 재주가 있다'와 통하는 바가 있어요. 굼벵이란 매미, 풍뎅이 등의 애벌레를 말하는데요. 몸집이 작고 뚱뚱하며 매우 느려요. '굼벵이도 구르는 재주가 있다'는 말은 아무리 무능해 보이는 사람이라도 한 가지 재주는 있음을 비유적으로 이를 때 써요. 또는 아무런 능력도 없는 사람이 남의 관심을 끌 만한 행동을 할 때 사람들은 종종 놀림조로 쓰기도 해요.

맹상군은 급히 소왕의 애첩에게 뇌물을 주면서 자신을 풀어 달라고 청하였어요. 소왕의 애첩은 그 대가로 호백구를 요구하였어요. 그러나 호백구는 이미 소왕에게 바친 터라 남은 것이 없었어요. 그때 맹상군의 식객 중 한 명이 나서면서 말했어요.

"저는 개 도둑질을 한 적이 있는 사람입니다. 이번 일은 저에게 맡기시지요."

그날 밤 그 식객은 진나라 궁중 창고에 몰래 들어갔어요. 그리고 소왕의 호백구를 훔쳐서 애첩에게 바쳤어요. 그러자 애첩은 약속대로 진나라 왕을 달래어

 ### 중국 최고의 역사서, 『사기』

궁형이란 남성의 생식기를 잘라 내는 형벌이에요. 옛 선비들은 이런 치욕을 당하기 전에 자결하거나 죽음을 선택하는 것이 보통이었어요. 하지만 사마천은 죽지 않고 치욕을 감당하며 궁형을 받았어요. 그 이유는 바로 역사서 『사기』 때문이었어요. 사마천의 아버지 사마담은 죽으면서 아들 사마천에게 역사에 남을 역사서를 쓰라는 유언을 남겼고요. 사마천은 그 유언을 지키기 위해 궁형을 받으면서까지 『사기』를 완성했어요. 계명구도 이야기도 『사기』에서 나온 것이지요. 『사기』는 중국 최고의 역사서가 되어 오늘날까지 전하고 있어요.

맹상군을 풀어 주도록 하였어요.

간신히 풀려난 맹상군은 그 길로 즉시 도망쳤어요. 캄캄한 밤이 되어서야 진나라 국경에 도착하였지요. 그러나 진나라는 새벽닭이 울어야 성문을 열고 사람을 통행시켰기 때문에 맹상군은 바로 국경을 통과할 수 없었어요.

한편 소왕은 맹상군을 풀어 준 것을 뒤늦게 후회하며 사람을 보내 맹상군을 뒤쫓고 있었어요. 이 소식을 들은 맹상군은 속이 타 안절부절못하였어요. 이때 또다시 맹상군의 식객 중 한 명이 앞으로 나서서 말했어요.

"저는 닭 울음소리를 잘 냅니다. 저에게 맡겨 두시지요."

과연 그가 닭 우는 소리를 흉내 내자 주변의 닭이 모두 따라 울었어요. 그러자 성문을 지키던 문지기는 벌써 새벽이 온 줄 알고 문을 열었고요. 덕분에 맹상군은 무사히 국경을 통과할 수 있었어요. 이렇게 맹상군은 두 사람의 도움으로 죽을 고비를 넘겼지요.

사실 맹상군의 목숨을 구한 두 사람은 맹상군의 식객 중에서도 가장 배움이 짧아 모두 업신여기던 사람들이었어요. 그런 두 사람이 맹상군을 구출하자 사람들은 모두 감탄하였어요. 그리고 이때부터 이들의 하찮은 재주였던 닭 울음소리와 개 도둑질을 일컬어 '계명구도'라고 하기 시작하였어요. 이는 '비록 하찮은 재주라도 쓸 곳이 있다'는 뜻이에요.

고육지책
살갗이 터지는 고통을 무릅쓴 꾀

2학년 2학기 통합 교과 우리나라 – 우리나라와 이웃 나라
6학년 1학기 국어 4. 나누는 즐거움
6학년 1학기 사회 1. 우리 국토의 위치와 영역
6학년 2학기 사회 2. 세계 여러 지역의 자연과 문화

苦	肉	之	策
괴로울	고기	~이	꾀
고	육	지	책

중국의 삼국 시대 때였어요. 유비와 손권의 연합 부대가 조조에 맞서 적벽 대전을 준비하고 있었지요. 연합 부대의 총사령관이었던 주유는 불안을 떨쳐 버리기 힘들었어요.

"조조의 군대는 무려 100만이다. 과연 우리가 100만 대군을 상대로 이길 수 있을까?"

그는 불리한 전세를 역전시키기 위해서는 허를 찌르는 교묘한 방책이 필요하다고 생각했어요. 당시 주유의 진영에는 채중과 채화라는 형제가 있었어요. 이들은 조조가 오나라로 몰래 파견한 첩자들이었어요. 주유는 이미 그 사실을 알고 있었지만 언젠가 그들을 역이용하기 위해 일부러 모른 척하고 있었어요.

그때 주유의 가까운 부하인 황개가 찾아와 말했어요.

『삼국지』 최고의 전투, 적벽 대전

적벽 대전은 중국의 삼국 시대에 조조 군대와 손권·유비의 연합군 사이에서 벌어진 큰 전투를 뜻해요. 우리나라의 판소리 열두 마당 중에도 적벽 대전을 주제로 삼은 〈적벽가〉가 있지요. 원소를 무찌르고 화북을 평정한 조조는 중국을 통일하기 위해 10만 대군을 이끌고 남쪽으로 내려왔어요. 그리고 마침내 적벽에서 손권과 유비의 연합군과 대치하였어요. 그러나 조조는 이 전투에서 크게 패하여 결국 천하 통일을 이루지 못하였지요. 한편 전쟁에서 승리한 손권은 강남을 지배하였고요. 유비도 형주 서쪽에 세력을 얻게 되었어요. 이 전투에서 제갈량뿐만 아니라 여러 장수의 신출귀몰한 여러 전술이 등장해요. 신출귀몰은 귀신같이 나타났다가 사라진다는 뜻으로, 움직임을 쉽게 알 수 없을 만큼 자유자재로 나타나고 사라진다는 의미예요.

神	出	鬼	沒
귀신	날	귀신	빠질
신	출	귀	몰

"장군님, 조조의 군대가 100만을 넘는다 하니 그들과 정면으로 맞서서는 희망이 없습니다. 제 생각에는 우선 거짓 항복으로 조조를 혼란시키는 것이 좋겠습니다. 그런 뒤 화공책으로 적을 물리치면 어떻겠는지요?"

"불로써 조조를 물리치는 화공책을 나도 생각하고 있었네. 그러나 여우 같은 조조를 속이려면 단순한 거짓 항복으로는 불가능할 걸세."

"그것은 걱정 마십시오. 제 살갗이 터지는 고통을 받더라도 반드시 일을 성사시키겠습니다."

주유는 황개의 단호한 태도에 그의 의견을 받아들였어요. 그리고 다음 날 주유는 작전 회의를 열었어요. 그 자리에는 주유와 황개 말고도 채중과 채화 형제도 있었어요. 이때 황개가 입을 열었어요.

스스로 불러온 불행, 자승자박

자승자박은 자신이 만든 줄로 제 몸을 스스로 묶는다는 뜻이에요. 자기가 한 말과 행동에 자신이 구속되어 어려움을 겪는 것을 가리키는 말이지요. 자박(自縛)은 본래 궁지에 몰려서 항복의 표시로 자신의 몸을 묶고 관용을 청하는 것인데요. 여기서는 스스로 초래한 불행에 비유하여 쓰고 있어요.

自	繩	自	縛
스스로	줄	스스로	묶을
자	승	자	박

"누가 봐도 지금 조조를 꺾는 것은 불가능한 일입니다. 이럴 바에는 차라리 항복하는 것이 좋겠습니다."

그러자 주유는 크게 화를 내며 황개에게 곤장 100대를 치라고 명했어요. 황개는 기꺼이 곤장 100대를 맞았어요. 모진 매질에 황개는 몇 번이나 기절을 하였지만 끝까지 참고 버텼어요. 주유와 황개는 채중과 채화 형제를 통해 조조를 속이려고 한 거였지요.

이 소식을 전해 들은 조조는 깜빡 속았어요. 그래서 황개가 항복하여 배를 타고 자신의 진영에 들어오는 것을 허락했어요. 그 결과 조조는 적벽 대전에서 대패하고 말았어요. 어려운 상황에서 자신의 몸을 아끼지 않은 황개의 활약이 빛을 발한 거예요. 이렇듯 자기 몸을 상해 가면서까지 꾸며 낸 황개의 계책을 '고육지책'이라고 불러요. 그리고 오늘날까지 '어려운 상태를 벗어나기 위해 할 수 없이 꾸며 내는 계책'을 이르는 말로 쓰이고 있어요.

곡학아세
배움의 뜻을 굽히고 아첨하는 것

2학년 2학기 통합 교과 우리나라 – 우리나라와 이웃 나라
5학년 1학기 사회 1. 하나 된 겨레
6학년 1학기 사회 1. 우리 국토의 위치와 영역
6학년 2학기 사회 2. 세계 여러 지역의 자연과 문화

曲	學	阿	世
굽힐	배울	아첨할	세상
곡	학	아	세

중국 전한 시대의 4대 황제였던 경제 때의 일이에요. 성품이 강직하기로 이름 난 원고생이란 선비가 살고 있었어요. 그는 자신이 옳다고 생각하는 것에 대해서는 서슴없이 직언을 하였어요. 어느 날 경제의 어머니인 두태후는 원고생을 불러들였어요. 그리고 이렇게 물었지요.

"그대는 『노자』에 대해서 어떻게 생각하시오?"

그러자 원고생은 한 치의 망설임도 없이 이렇게 말했어요.

"그 같은 책은 천한 말을 써 놓은 것에 지나지 않습니다."

"뭐라? 어찌 감히 『노자』에 대해 그리 말할 수 있단 말이냐!"

평소 노자를 깊이 존경해 온 두태후는 원고생의 말에 매우 분노하였어요. 그리고 병사들에게 이렇게 명령하였어요.

"당장 이자를 사나운 돼지가 있는 돼지우리에 처넣어라!"

원고생은 그만 돼지우리에 갇힌 신세가 되고 말았어요. 그러나 원고생이 아무런 죄가 없다고 판단한 경제는 그에게 예리한 단검을 몰래 주었어요. 원고생은 돼지가 자신을 향해 덤벼들자 그 단검을 이용하여 단번에 돼지의 심장을 찔러 죽이고 위기에서 벗어날 수 있었어요.

세월이 흘러 경제가 죽은 후 무제가 황제의 자리에 올랐어요. 무제는 아흔이 넘은 원고생에게 벼슬을 주어 늘 자신의 곁에 두고 그의 의견을 새겨들었어요. 그런데 원고생 앞에 공손홍이라는 젊은 선비가 나타났어요. 공손홍은 어린 나이에도 높은 벼슬에 오를 만큼 실력이 뛰어나 세상에 두려운 것이 없었어요. 그런 공손홍이 보았을 때 원고생은 하찮은 늙은이에 지나지 않았어요.

"나이만 먹은 저 늙은이에게 무슨 특별한 점이 있어 황제께서는 저리도 아끼시는고."

원고생은 다른 사람을 통해 젊은 공손홍의 그런 태도를 전해 듣고도 전혀 화내지 않았어요. 그러던 어느 날 두 사람은 서로 만나게 되었어요. 이때 원고생은 공손홍을 향해 이렇게 말했어요.

"참으로 똑똑한 공손홍, 자네는 젊고 학문을 좋아하니 올바른 학문에 힘써 주게나. 지금은 여러 학문이 어지러우니 훗날 바른 학문이 없어질지도 모르네. 절대로 옳다고 믿는 학문의 뜻을 굽혀 세상에 아첨해서는 아니 되네."

이 말에 공손홍은 점잖고 한결같은 원고생의 성품에 감복하여 그를 평생의 스승으로 모셨어요. 이런 원고생의 말에서 나온 '곡학아세'는 오늘날 '배움의 뜻을 굽혀 세상의 이익을 좇는 것'을 일컫는 말이 되었어요.

겉과 속이 다른 혹세무민

혹세무민이란 세상을 어지럽히고 백성을 미혹하여 속인다는 뜻이에요. 그리고 사이비란 겉으로는 같으나 실제로는 완전히 다른 것을 뜻해요. 즉 외모는 그럴듯해도 본질은 전혀 다르고 겉과 속이 같지 않음을 가리키는 거예요. 사이비란 한마디로 비슷하지만 진짜가 아니라는 뜻이지요. 이 세상에는 정말로 혹세무민하는 사이비들이 많아요. 이들을 가려내는 지혜가 필요할 거예요.

惑	世	誣	民
미혹할	세상	속일	백성
혹	세	무	민

과유불급
지나친 것은 모자람만 못해요

2학년 2학기 통합 교과 우리나라 – 우리나라와 이웃 나라
5학년 1학기 사회 2. 다양한 문화를 꽃피운 고려
5학년 1학기 사회 3. 유교 전통이 자리 잡은 조선
6학년 1학기 사회 1. 우리 국토의 위치와 영역
6학년 2학기 사회 2. 세계 여러 지역의 자연과 문화
6학년 2학기 도덕 10. 참되고 숭고한 사랑

過	猶	不	及
지나칠	같을	아니	미칠
과	유	불	급

    자장은 공자의 여러 제자 중 한 명이었어요. 그는 어느 날 공자에게 다음과 같은 질문을 하였어요.

    "어떻게 하면 선비로서 통달의 경지에 오를 수 있습니까?"

    '통달'이란 사물의 이치나 지식 등을 훤히 알고 있는 것을 말해요. 자장의 말에 공자는 도리어 그에게 되물었어요.

"네가 말하는 통달의 경지란 어떤 것이냐?"

"제후를 섬겨도 반드시 그 이름이 높아지고, 위세 있는 벼슬아치의 신하가 되어도 또한 그 이름이 나는 것을 말합니다."

그러자 공자는 자장의 지나침을 은근히 나무랐어요.

"그것은 통달의 경지에 오르는 것이 아니니라. 진정 통달을 했다 하려면 본성이 바르며 의를 좋아하고, 말과 얼굴빛으로 상대방의 마음을 알며, 신중히 생각하여 남에게 겸손하여야 한다. 또 그리하여 제후를 섬기거나 벼슬아치의 신하가 되어도 그릇되는 일을 하지 않는 사람이라야 하지."

그리고 마침 자장의 곁에 있던 자하에게도 이렇게 타일렀어요.

어느 한쪽으로 치우치지 않는 중용

중용은 동양 철학의 기본 개념을 이루는 도덕론으로 유교 경전에 기록된 말이에요. 여기서 중(中) 자는 지나치거나 모자람이 없이 도리에 맞는 것을 뜻해요. 용(庸) 자는 바뀌지 않는 것을 의미해요. 그래서 중용이란 지나치거나 모자라지 않고 한쪽으로 치우치지도 않은, 떳떳하고 변함이 없는 상태나 정도를 가리켜요.

中 庸
가운데 떳떳할
중 용

"자신의 수양을 본의로 하는 선비인 군자가 되고 지식을 얻는 일에만 급급한 소인이 되지 마라."

공자는 학문을 통해 통달의 경지에 오르고자 하는 자하의 성찰과 노력이 부족하다고 보았던 거예요. 그러자 또 다른 제자인 자공이 다가와 물었어요.

"스승님께서 말씀하시기를 자장은 지나치고 자하는 미치지 못한다고 하셨습니다. 그렇다면 둘 중에 누가 더 나은 것입니까?"

이 물음에 공자는 다음과 같이 말했어요.

"지나침은 미치지 못함과 같다. 그러니 누가 더 뛰어나다고도 그렇지 못하다고도 말할 수 없지."

공자의 이러한 대답은 '모든 일에 있어 지나치거나 부족함이 없는 중용을 지켜야 한다'는 의미였어요. '과유불급'은 '지나침은 미치지 못함과 같다'는 공자의 말에서 나온 고사성어예요. 오늘날에도 '정도를 벗어나지 않는 중용이 중요하다'는 뜻으로 사용되고 있어요.

관중과 포숙의 두터운 우정

2학년 2학기 통합 교과　우리나라 – 우리나라와 이웃 나라
3학년 2학기 국어　6. 서로의 생각을 나누어요
5학년 2학기 과학　1. 우리 몸
6학년 1학기 사회　1. 우리 국토의 위치와 영역
6학년 2학기 사회　2. 세계 여러 지역의 자연과 문화

管	鮑	之	交
대통	절인 고기	~의	사귈
관	포	지	교

　중국 춘추 시대의 제나라에는 관중과 포숙이라는 사람이 살았어요. 이들은 하늘 아래 둘도 없는 친구였어요. 당시 관중은 제나라 양공의 큰아들 규의 부하로 있었고요. 포숙은 규의 이복동생인 소백의 부하로 있었어요.

　어느 날 아버지 양공이 사촌 공손무지에게 살해당하는 사건이 벌어졌어요. 이에 규와 소백은 목숨을 부지하기 위해 망명을 떠났어요. 그래서 관중은 규를 따라 노나라로, 포숙은 소백을 따라 거나라로 갔어요.

이듬해에는 공손무지가 살해당했어요. 그러자 규와 소백은 아버지 양공의 자리를 서로 이어받으려고 귀국을 서둘렀어요. 결국 형제의 대립으로 관중과 포숙도 덩달아 적이 되었어요. 규는 군사를 보내 길을 막고 소백을 죽이려 하였으나 소백은 이미 이 사실을 눈치챘어요. 그리고 방향을 바꾸어 규보다 한발 앞서 제나라로 귀국하였어요. 소백은 제나라의 제후가 되어 규를 죽이고 노나라에 있던 관중을 붙잡아 왔어요.

소백은 규를 도와 자신을 해치려 했던 관중을 죽이려고 했어요. 그러자 포숙은 관중의 성품을 들어 그를 살려 줄 것을 청하였고요. 결국 소백은 그를 살려

간과 쓸개를 내보일 정도로 친한 사이

관포지교와 비슷한 말로 간담상조란 말도 있어요. 이는 간과 쓸개를 서로에게 내보인다는 뜻이에요. 곧 서로 마음을 터놓고 친밀히 사귀는 행위를 일컫는 말이지요. 여기서 간담(肝膽)은 각각 간과 쓸개를 말해요. 간과 쓸개는 우리 속담에도 자주 등장해요. 예를 들면 자신의 이익을 좇는 지조 없는 행동을 뜻하는 '간에 붙었다 쓸개에 붙었다 한다'는 말이 있고요. 또 정신 차리지 못하는 사람을 보고 '쓸개 빠진 녀석'이라고도 해요.

肝	膽	相	照
간	쓸개	서로	비칠
간	담	상	조

주기로 했지요.

　세월이 흘러 제나라의 재상이 된 관중은 정치가로서 능력을 발휘하여 제나라를 부강하게 만들었어요. 그리고 과거에 목숨을 잃을 뻔했던 자신을 살려 준 포숙을 두고 이렇게 이야기했어요.

　"내가 젊어서 포숙과 장사할 때 늘 내가 이익금을 더 많이 챙겼는데도 그는 나를 욕심쟁이라고 말하지 않았다. 그것은 내가 가난하다는 것을 알아주었기 때문이다. 또 내가 그를 궁지에 빠뜨렸을 때도 그는 나를 못났다고 여기지 않았으니 일에는 다 때가 있음을 알아주었기 때문이다. 나는 벼슬길에 세 번 나갔다가 세 번 쫓겨났는데도 그는 나를 무능하다고 하지 않았다. 왜냐하면 내가 때를 만나지 못했음을 알아주었기 때문이다. 나는 전쟁에 나갔다가 도망친 일이 있는데도 그는 나를 겁쟁이라고 하지 않았다. 그것은 내게 늙으신 어머니가 계시다는 것을 알아주었기 때문이다. 나를 낳아 주신 분은 부모님이지만 나를 진정으로 알아준 사람은 포숙이다."

　후대 사람들은 관중의 빼어남을 칭송했어요. 동시에 그를 끝까지 이해하고 변함없는 우정을 보여 준 포숙의 성품도 높이 받들었어요. 그리고 두 사람의 이름 앞 글자를 따 '관포지교'라 칭하며 그들의 두터운 우정을 교훈으로 삼았어요.

괄목상대
눈을 비비고 다시 볼 만큼 실력이 늘어요

2학년 2학기 통합 교과 우리나라 – 우리나라와 이웃 나라
6학년 1학기 사회 1. 우리 국토의 위치와 영역
6학년 2학기 사회 2. 세계 여러 지역의 자연과 문화

刮	目	相	對
비빌	눈	서로	대할
괄	목	상	대

중국 삼국 시대의 오나라 황제 손권은 많은 부하가 있었어요. 그중에 여몽이라는 장군이 있었는데요. 여몽은 처음에 졸병으로 전쟁터에 나갔지만 용감하게 잘 싸워서 마침내 장군의 자리까지 오른 사람이에요. 그러나 여몽은 전투에만 능할 뿐 배움이 짧아 무식했어요. 그러던 어느 날 손권이 여몽에게 말했어요.

"여몽, 그대가 용감한 건 천하에 모르는 사람이 없소."

"과찬의 말씀이십니다."

"나는 지금 그대를 칭찬하고자 하는 게 아니오."

"그럼 무슨 말씀이신지?"

여몽이 어리둥절한 표정으로 손권에게 물었어요.

"그대의 힘과 용기는 우리 오나라에서 그 누구도 따를 사람이 없소. 하지만 그대는 글을 모르니 학문을 물론이고 병서도 읽지 못하지 않소? 내 바라건대 그대가 하루빨리 글을 익혀 학문은 물론이고 병서를 두루 읽으면 좋겠소. 생각해 보시오. 그대의 힘과 용기에 학문과 병법을 더한다면 촉나라와 위나라를 통틀어 장군 위에 설 사람은 아무도 없을 것이오."

얼굴이 벌겋게 달아오른 여몽은 대답 대신 무릎을 꿇고 고개를 푹 숙였어요. 그리고 그때부터 전쟁터에서도 책을 놓지 않을 정도로 열심히 학문과 병법을 익혔어요.

얼마 후 뛰어난 학식을 가진 재상 노숙은 의논할 일이 있어 여몽을 찾았어요. 노숙은 여몽의 오랜 친구였기 때문에 누구보다도 여몽에 대해서 잘 알고 있었어요. 그런데 이런저런 이야기를 나누던 노숙은 깜짝 놀라고 말았어요. 여몽이 너무나 유식해졌기 때문이었어요.

"아니, 자네 여몽이 맞는가? 언제 그렇게 공부를 많이 했나?"

그러자 여몽은 조용히 미소를 지으며 말했어요.

"선비라면 헤어진 지 사흘이 지나면 눈을 비비고 다시 볼 정도로 달라져야 하는 거라네."

이후에도 여몽은 계속해서 학문에 매진하여 더 많은 지식을 쌓아 나갔어요. 그러던 중 재상 노숙이 병들어 세상을 떠났어요. 그러자 손권은 여몽에게 노숙 대신 자신을 보필하도록 명령했어요. 여몽은 손권을 도와 나라의 힘을 키우는 데 모든 것을 바쳤어요. 특히 형주 땅을 두고 일어난 촉나라와의 전쟁에서는 뛰어난 지혜를 발휘하여 큰 공을 세웠어요. 오나라의 손권과 백성들은 그런 여몽을 용맹하고 지혜로운 명장으로 떠받들며 칭송하였어요. 그리고 '눈을 비비고 다시 보며 상대를 대한다'는 뜻의 '괄목상대'라는 말은 '학식이나 재주가 놀랄 만큼 부쩍 늘었을 때'를 가리키는 말이 되었어요.

나날이 다달이 발전하는 일취월장

일취월장이란 나날이 다달이 자라거나 발전함을 뜻하는 말이에요. 중국 주나라의 성왕은 "비록 총명하지 못하더라도 부지런히 배워 익히면 날마다 달마다 발전하여 학문이 광명에 이를 것이다. 그러므로 신하들은 서로 도와 어질고 착한 행실을 보여 달라"고 하였는데요. 바로 여기에서 일취월장이란 말이 유래됐어요.

日	就	月	將
날	나아갈	달	나아갈
일	취	월	장

교각살우
소뿔을 바로 잡으려다 소를 죽여요

2학년 2학기 통합 교과 우리나라 – 우리나라와 이웃 나라
3학년 2학기 국어 6. 서로의 생각을 나누어요
3학년 2학기 사회 3. 다양한 삶의 모습
3학년 2학기 과학 2. 동물의 세계
6학년 1학기 사회 1. 우리 국토의 위치와 영역
6학년 2학기 사회 2. 세계 여러 지역의 자연과 문화

矯	角	殺	牛
바로잡을	뿔	죽일	소
교	각	살	우

 옛날 중국에서 한 농부가 제사에 쓸 소를 기르고 있었어요. 당시에는 댕댕 울리는 종을 만들 때 좋은 종을 만들게 해 달라고 먼저 소의 피로 제사를 지낸 후 종을 만드는 풍습이 있었어요. 이때 쓰는 소는 반드시 잘생기고 뿔이 똑바로 돋아 있어야 했어요. 그래서 소를 특별히 맡아 기르는 농부를 따로 두었어요.

 농부는 소를 키우면서 소뿔이 삐뚤어지지 않고 잘 자라는지를 살펴야 했어요. 그래서 농부는 하루에도 몇 번씩 소뿔이 잘 자라고 있는지 확인하는 버릇이 있었어요. 그러던 어느 날, 여느 때처럼 소뿔을 살펴보던 농부는 깜짝 놀랐어요. 곧게 자라야 할 소뿔이 한쪽으로 기울어 있었기 때문이에요.

'이를 어쩐다. 이러면 제사에 쓸 수가 없는데 큰일이군. 안 되겠다. 지금 당장 바로잡아 줘야지.'

그래서 농부는 질긴 천을 이용해 소뿔을 칭칭 동여맸어요. 그러고는 소 머리의 중앙에 맞춰 뿔을 힘껏 잡아당기기 시작했지요.

"음매, 음매."

농부가 뿔을 한 번씩 잡아당길 때마다 소는 크게 울면서 고통을 호소했어요. 그러나 농부는 소의 비명에도 아랑곳하지 않고 계속해서 뿔을 잡아당겼어요. 하지만 삐뚤어진 소뿔은 도무지 바로 설 기미가 보이지 않았어요. 오기가 난 농부는 벌겋게 달아오른 얼굴로 말했어요.

"좋아, 네가 이기나 내가 이기나 어디 한번 해 보자. 내 반드시 이 뿔을 제대로 세우고 말 테다."

농부는 다음 날도, 또 그다음 날도 소의 뿔에 질긴 천을 칭칭 동여매고는 인정사정없이 잡아당겼어요. 그러나 농부가 아무리 애를 써도 뿔은 바로 서지 않았고 애꿎은 소의 울음소리만 더욱 커져 갔지요.

그렇게 열흘째 되던 날이었어요. 농부가 소의 뿔을 힘껏 잡아당기자 마침내 으드득 하는 소리와 함께 소뿔이 움직이기 시작했어요. 신이 난 농부는 더더욱 힘을 주어 소뿔을 잡아당겼어요. 그런데 바로 그때 소뿔이 그만 뿌리째 빠져 버렸어요. 게다가 소는 바닥에 힘없이 쓰러져 죽고 말았어요. 농부는 소뿔을 바로잡으려다가 소뿔을 바로잡기는커녕 소만 죽이고 만 거예요. 소뿔을 바로잡으려다 소도 죽이고 말았다는 데에서 '교각살우'라는 말이 생겨났어요. 그래서 교각살우는 '조그만 결점이나 흠을 고치려다 도리어 일을 그르친 경우'를 이르는 말로 쓰여요.

빈대 잡으려다 초가삼간 태운다

우리 속담에는 '빈대 잡으려다 초가삼간 태운다'라는 말이 있어요. 이 역시 아주 작은 일을 해결하려다 오히려 큰일을 만들어 낭패를 본다는 의미로 교각살우와 비슷한 말이에요. 빈대는 아주 작은 곤충으로 사람의 피를 빨아 먹어요. 특히 옛날에는 청결하지 못한 환경 탓에 집에도 빈대가 잔뜩 있었어요. 그래서 사람들은 빈대를 잡은 후 태워 없애고는 했어요. 하지만 빈대를 잡기 위해 초가집 전체를 태우게 되면 이익보다 손해가 훨씬 크겠지요. 결국 이 말은 작은 일에 지나치게 집착하지 말라는 뜻으로 사용돼요.

얼굴에는 꿀 미소를, 가슴에는 날카로운 칼을

2학년 2학기 통합 교과 　우리나라 – 우리나라와 이웃 나라
5학년 1학기 사회 　1. 하나 된 겨레
6학년 1학기 사회 　1. 우리 국토의 위치와 영역
6학년 2학기 사회 　2. 세계 여러 지역의 자연과 문화

口	蜜	腹	劍
입	꿀	배	칼
구	**밀**	**복**	**검**

　중국 당나라 현종 때의 일이에요. 당시 당나라의 재상이었던 이임보는 교활하고 꾀가 많은 사람이었어요. 자신보다 뛰어난 사람이 있으면 참지 못하고 온갖 계략을 써서 그 사람을 제거하였어요.

　어느 날 현종은 이임보에게 물었어요.

　"엄정지는 지금 어디에 있느냐? 그에게 다시 일을 시킬까 한다."

　엄정지는 성품이 강직한 인물로 중요한 벼슬을 맡았어요. 그러나 이임보의 시기를 사서 지방으로 추방을 당했지요. 그런 엄정지를 현종이 다시 곁에 두려 하니 가만두고 볼 이임보가 아니었어요. 좋은 꾀를 생각해 낸 이임보는 급히 엄정지의 아우 엄손지를 불렀어요.

"황제께서는 자네의 형님을 몹시 칭찬하고 계시네. 아마 틀림없이 벼슬을 얻을 수 있을 것 같은데……. 한번 황제를 만나 뵙는 것은 어떤지 여쭈시게."

"정말이오? 그렇게 된다면야 더 바랄 것이 없지요."

"참, 생각해 보니 엄정지가 병을 치료하기 위해 이미 이곳에 돌아와 있다는 상소문을 올리면 황제께서 먼저 불러들일지도 모르지. 어떤가? 자네가 상소문을 올려 보겠는가?"

경국지색 양귀비와 현종

나라도 망하게 할 만큼 아름다운 여인을 경국지색이라고 해요. 중국 당나라 현종 시절의 양귀비가 바로 그런 사람 중 하나였어요. 양귀비는 본래 현종의 며느리였지요. 그러나 현종은 양귀비의 아름다운 미모와 총명함에 반해 그녀를 자신의 아내로 삼았어요. 그 후 현종은 양귀비의 미모에 빠져 나랏일 돌보기를 포기하다시피 하였어요. 양귀비는 황후 이상의 권세를 누리며 화려한 삶을 살다 훗날 안녹산의 난으로 목숨을 잃었어요.

傾	國	之	色
기울	나라	~의	빛
경	국	지	색

"제 형님을 이렇게 생각해 주시니 참으로 감사할 따름입니다."

엄손지는 이임보의 말에 넘어가 그가 시키는 대로 하였어요. 그리고 얼마 뒤에 이임보가 현종을 찾아가서 말했어요.

"엄정지가 병을 치료하기 위해 이미 이곳에 돌아와 있다는 상소를 올렸다고 들었사옵니다."

"그렇소. 그래서 내 그를 불러들일 참이오."

"폐하, 그 뜻을 모르시겠나이까? 엄정지는 이미 늙고 병이 깊어 중요한 벼슬을 맡기에는 역부족이옵니다. 그러니 변두리의 한가한 관직이나 맡겨 여생을 편안히 보내도록 하는 것이 모두에게 득이 될 듯싶습니다."

딴생각을 가진 면종복배

구밀복검과 비슷한 뜻을 가지고 있는 말로 면종복배가 있어요. 면종복배는 겉으로는 복종하는 체하면서 내심으로는 배반함을 가리키는 말이에요. 세상을 살다 보면 이처럼 언뜻 보기에는 순종하는 것 같으나 속으로는 딴마음을 품고 있는 사람이 있어요. 때문에 우리는 누군가와 관계를 맺을 때, 겉모습뿐만 아니라 그 내면을 들여다 볼 줄 아는 눈을 키워야 해요.

面	從	腹	背
얼굴	좇을	배	등
면	종	복	배

이임보의 말에 현종은 고개를 끄덕였어요.

"생각해 보니 자네 말이 맞구려. 내 그리하겠소."

나중에 이 사실을 알게 된 엄정지는 분한 마음을 이기지 못하고 화병을 얻어 죽고 말았어요.

이후에도 이임보는 아첨을 일삼고 유능한 관리들을 비열한 술수로 몰아냈어요. 현종의 눈을 가리면서 부귀영화를 누렸어요. 그래서 사람들은 이임보를 두고 하나같이 "입에는 꿀이 있으나 뱃속에는 날카로운 칼이 있는 교활한 사람이다"라고 말했어요. 여기서 '구밀복검'이란 말이 나와 '겉으로는 친절한 척하지만 속으로는 해칠 생각을 하는 것'을 이르게 되었어요.

구사일생
죽을 고비를 여러 차례 넘기고 간신히 살아나요

2학년 2학기 통합 교과 우리나라 – 우리나라와 이웃 나라
3학년 2학기 사회 3. 다양한 삶의 모습
4학년 1학기 국어 4. 짜임새 있는 문단
5학년 1학기 국어 2. 하나씩 배우며
5학년 1학기 사회 1. 하나 된 겨레
6학년 1학기 사회 1. 우리 국토의 위치와 영역
6학년 2학기 사회 2. 세계 여러 지역의 자연과 문화

九	死	一	生
아홉	죽을	한	날
구	사	일	생

중국의 전국 시대에는 이른바 '전국 칠웅'이라 이르는 일곱 나라가 있었어요. 바로 진·초·연·제·한·위·조나라였지요. 이 일곱 나라는 서로 힘을 겨루며 버티고 있었어요.

그중 초나라에는 시인이자 정치가인 굴원이라는 사람이 있었어요. 그는 초나라 왕의 가족으로 아는 것이 많고 말솜씨가 뛰어났어요.

굴원은 회왕의 신임을 얻어 나라의 중요한 벼슬에 올랐고요. 회왕을 도와 초나라를 부강하게 만들기 위한 기초를 닦고 있었어요. 또한 늘 초나라를 위협하는 진나라에 대항하기 위해 제나라와 연합하여야 한다고 주장했어요. 그러나 초나라 벼슬아치는 대부분 굴원의 의견에 반대하며 그를 못마땅하게 생각했어요. 특히 늑상이라는 사람은 굴원을 매우 시기하여 모함하기에 이르렀어요.

"폐하, 굴원은 자신의 머리만 믿고 대왕을 업신여기며 가슴속에 딴마음을 품고 있습니다. 그러니 그를 내쫓아 후환을 없애심이 옳은 줄로 아옵니다."

회왕은 늑상의 말에 넘어가 굴원을 멀리하였어요. 뿐만 아니라 얼마 후에는 진나라의 거짓 회유에 넘어가 제나라와 관계를 끊어 버리는 어리석은 실수를 저질렀어요. 그러자 기회를 잡은 진나라는 끊임없이 초나라를 침략했고요. 결국 회왕은 진나라의 군대에 사로잡혀 목숨을 잃었어요.

상황이 이렇게 되자 회왕의 아들 항양왕은 다시 굴원을 불러들여 그의 조언을 얻고자 하였어요. 그러나 이번에도 늑상은 간사한 꾀로 굴원에게 억울한 누명을 씌워 내쫓아 버렸어요.

두 번씩이나 왕에게 버림받은 굴원의 마음은 안타깝기 그지없었어요.

"간신들의 온갖 아첨하는 말이 왕의 밝은 지혜를 가리니, 왕께서는 마음과 행실이 곧은 선비들을 용납하지 않으시고 미워하시는구나."

그는 나라에 대한 근심과 비통한 마음을 담아 장편의 시를 지었어요.

길게 한숨을 쉬고 눈물을 닦으며 인생의 어려움 많음을 슬퍼하노라.

그러나 내 마음속에 선함이 존재한다고 믿고 있기 때문에

비록 아홉 번 죽을지라도 오히려 후회하는 일은 하지 않으리라.

바로 이것이 그 유명한 굴원의 시 「이소」예요. 그러나 굴원은 이 시를 남긴 채 비참한 심경을 참지 못하고 스스로 목숨을 끊었어요. 「이소」의 내용을 본 유량 주란 사람은 "아홉 번 죽어서 한 번을 살아남지 못하더라도 아직 후회하고 미워하기에는 부족하다"라고 해석하였어요. 여기에서 '구사일생'이란 말이 나와 '죽을 고비를 여러 차례 넘기고 간신히 살아난다'는 의미로 쓰이고 있어요.

단오의 기원이 된 굴원의 죽음

굴원은 중국 초나라 회왕 때의 사람으로 임금에게 충성을 다하였어요. 그러나 간신들의 모함에 의해 고난을 겪었어요. 이에 굴원은 자신의 지조를 보이기 위해 멱라수라는 강에 뛰어들어 스스로 목숨을 끊었어요. 그 후 사람들은 굴원을 기리기 위해 매년 음력 5월 5일에 제사를 지냈는데요. 이것이 바로 단오예요. 단오는 수릿날이라고도 불러요. 이는 굴원이 강의 여울인 수뢰에 빠져 죽었다고 하여 붙은 이름이라고도 해요.

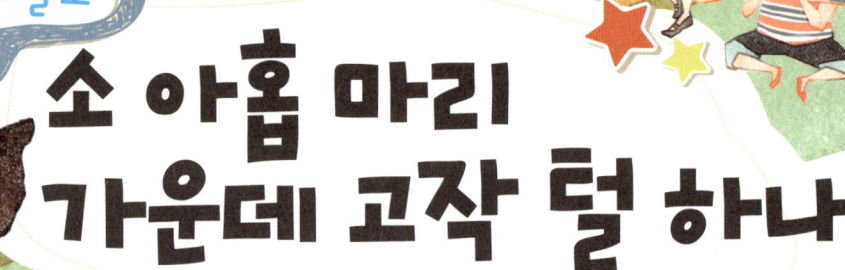

소 아홉 마리 가운데 고작 털 하나

구우일모

2학년 2학기 통합 교과 우리나라 – 우리나라와 이웃 나라
6학년 1학기 사회 1. 우리 국토의 위치와 영역
6학년 2학기 사회 2. 세계 여러 지역의 자연과 문화

九	牛	一	毛
아홉	소	한	털
구	우	일	모

　중국 한나라의 7대 황제인 무제 때의 일이에요. 당시 이릉이라는 사람은 여러 차례의 전투를 승리로 이끈 용맹한 장수였어요. 그런 이릉이 어느 날 5천 군사를 이끌고 수만 명의 적과 싸우다가 그만 패하고 말았어요. 그래서 한나라 무제는 이릉이 죽은 줄 알았어요.

　그런데 이듬해 무제는 이릉이 적군에 항복하여 살아 있다는 소식을 들었어요. 이에 분노한 무제는 이릉의 가족을 몰살하라고 명령했어요. 이때 사마천이 나서서 이릉을 감싸 주었어요.

"이릉 장군은 적은 군사로 수만의 적군과 싸워 그들 왕의 간담을 서늘하게 했습니다. 그가 패한 이유는 이릉을 도와줄 군대가 가지 않은 데다 내부에 적과 내통하는 이가 있었기 때문입니다. 그럼에도 불구하고 이릉은 병사들과 함께 끝까지 최선을 다했습니다. 항복하여 적국으로 들어간 것도 후에 한나라에 보답하려는 뜻일 것입니다. 부디 생각을 바꾸시어 이번 기회에 이릉의 공을 천하에 알려 주십시오."

그러나 무제는 사마천의 말에 더욱 화를 내면서 그를 옥에 가두고 궁형에 처하라고 명령했어요. 궁형을 당한 사마천은 친구인 임안에게 자신의 참담한 심정

소나 말의 똥처럼 아주 하찮은 것, 우수마발

우수마발은 구우일모와 비슷한 의미를 가진 고사성어예요. 이 역시 소의 오줌과 말의 똥이라는 뜻이지요. 소의 오줌과 말의 똥이니 쓸모가 없거나 가치가 없다는 말이에요. 그래서 우수마발은 가치 없는 말이나 글 또는 품질이 나빠 쓸 수 없는 약재 따위를 의미해요. 하지만 한편으로 우수(牛溲)는 질경이를 뜻하고 마발(馬勃)은 약재로 쓰는 버섯을 뜻해, 매우 흔하면서도 약으로 쓸 수 있는 물건을 의미하기도 해요.

牛	溲	馬	勃
소	반죽할	말	노할
우	수	마	발

65

을 편지로 털어놓았어요.

"내가 법에 따라 사형을 받는다 해도 그것은 한낱 아홉 마리 소 가운데서 털 하나 없어지는 것과 같을 따름일세. 나와 같은 존재가 땅강아지나 개미 같은 하찮은 동물과 무엇이 다르겠는가? 세상 사람들은 내가 궁형이라는 수치스러운 형벌에도 죽지 않았으니 어리석다고 비웃을 것이네."

이처럼 사마천은 아홉 마리의 소 가운데 털 하나에 자신을 비유할 만큼 커다란 상심에 빠져 있었어요. 하지만 사마천은 죽음 대신 치욕을 당하는 아픔을 딛고 살아남아 중국 최고의 역사서 『사기』를 남기는 업적을 이룩했어요. 그리고 여기서 '구우일모'라는 말이 나와 '대단히 많은 것 중에서 아주 적은 부분'에 비유하는 말로 쓰이고 있어요.

군계일학
닭 무리 속에 홀로 빛나는 학 한 마리

2학년 2학기 통합 교과 우리나라 – 우리나라와 이웃 나라
5학년 1학기 사회 3. 유교 전통이 자리 잡은 조선
6학년 1학기 사회 1. 우리 국토의 위치와 영역
6학년 2학기 사회 2. 세계 여러 지역의 자연과 문화
6학년 2학기 도덕 10. 참되고 숭고한 사랑

群	鷄	一	鶴
무리	닭	한	학
군	**계**	**일**	**학**

중국의 위나라 말기부터 진나라 초기에는 '죽림칠현'이라 불리던 일곱 선비가 있었어요. 이들은 세상 관심사로부터 등을 돌리고 대나무 숲에 모여 거문고와 술을 즐기며 세월을 보내고 있었어요.

그런데 죽림칠현의 중심인물이었던 혜강이라는 사람이 그만 모함을 받아 죽었어요. 혜강은 유교 사상을 비판하고 인간 본래의 진실성을 키워야 한다고 주장했는데요. 이러한 그의 반유교적 사상이 당시 권력층의 미움을 받았던 거예요. 혜강이 죽자 그의 아들인 혜소는 열 살밖에 안 된 어린 나이에 갑작스레 아버지를 잃고 홀어머니를 모시며 살게 되었어요.

어느덧 세월이 흘러 혜소는 어엿한 청년이 되었어요. 그는 어려운 환경 속에서도 열심히 학문을 익히고 지혜를 닦았지요. 게다가 그 누구보다 청렴하고 강직한 성품을 가지고 있었어요. 하지만 아버지 혜강에게 씌운 누명으로 인해 혜소는 작은 벼슬에도 오를 기회마저 얻지 못했어요. 그러자 죽림칠현 중 한 사람이자 혜강의 친구였던 산도가 이를 안타깝게 여겨 황제에게 간청했어요.

"『시경』에 '아버지의 죄는 아들에게 미치지 않으며 아들의 죄는 곧 아버지에게

자연과 더불어 살았던 일곱 선비, 죽림칠현

죽림이란 대나무 숲을 말하고 죽림칠현이란 그 대나무 숲에 살았던 일곱 명의 현자를 말해요. 이들은 중국의 위나라 말기에 어지럽고 부패한 세상에 등을 돌리고 죽림으로 들어가 자연과 벗하며 살아간 일곱 선비였지요. 일곱 선비로는 완적, 완함, 혜강, 산도, 향수, 유영, 왕융이 있었어요. 그들은 노자와 장자를 중심으로 한 사상인 노장사상을 따랐어요. 그래서 유학 사상의 질서와 형식을 무너뜨리려고 하였어요. 죽림칠현은 위나라가 망하고 진나라가 세워진 후 흩어져 버렸어요.

미치지 않는다'라고 되어 있습니다. 비록 혜소가 혜강의 아들이지만 지혜가 매우 뛰어나니 그에게 벼슬을 내려 주십시오."

산도의 말을 들은 황제는 고개를 끄덕였지요.

"그대가 추천할 만한 인물이라면 믿을 만하오. 내 혜소에게 큰 벼슬을 내리겠소."

마침내 관직에 등용된 혜소는 궁으로 향하게 되었어요. 혜소는 많은 사람 사

가장 뛰어난 흰 눈썹, 백미

군계일학과 비슷한 말로는 백미가 있어요. 백미의 뜻은 글자 그대로 흰 눈썹을 뜻하는데요. 여럿 가운데 가장 뛰어남을 의미해요. 백미는 『삼국지』에 나오는 말이에요. 제갈량의 친구 마량은 다섯 형제의 장남이었어요. 그 다섯 형제는 모두 아주 뛰어난 인물들이었지요. 그중에서도 굳이 우열을 가리자면 흰 눈썹을 가진 마량의 재능이 가장 빼어났어요. 때문에 주위 사람들은 그 집 형제들을 부러워하면서 "형제 중에 흰 눈썹을 가진 장남 마량이 가장 훌륭하다"고 이야기하였고요. 이때부터 같은 또래, 같은 계통의 많은 사람 중 가장 뛰어난 사람을 백미 부르게 되었어요.

白	眉
흰	눈썹
백	미

이에 섞여 있었지만 그의 당당한 모습은 단연 빛을 발했어요. 그러자 이를 지켜본 어떤 사람이 왕융에게 말을 전하였어요. 왕융 또한 죽림칠현의 한 사람으로 혜강과 절친한 사이였어요.

"어제 구름처럼 많은 사람 사이에 궁으로 들어가는 혜소를 처음 보았소. 그의 높은 기개와 혈기가 마치 닭 무리 속에 있는 한 마리 학과 같더이다."

그러자 왕융은 크게 웃으며 답했어요.

"그대는 혜소의 아버지를 본 적이 없겠지. 그는 혜소보다 훨씬 더 늠름하고 강직해 보였다네."

비록 혜소는 아버지 혜강만큼은 아니었지만 이후 황제 곁에서 바른말을 하는 신하로서 뛰어난 활약을 펼치다 황제의 목숨을 구하고 세상을 떠났어요. 이후 '닭의 무리 속에 있는 한 마리의 학'이라는 뜻의 '군계일학'은 '수많은 사람 가운데 돋보이는 뛰어난 한 사람'이라는 의미로 사용되기 시작했어요.

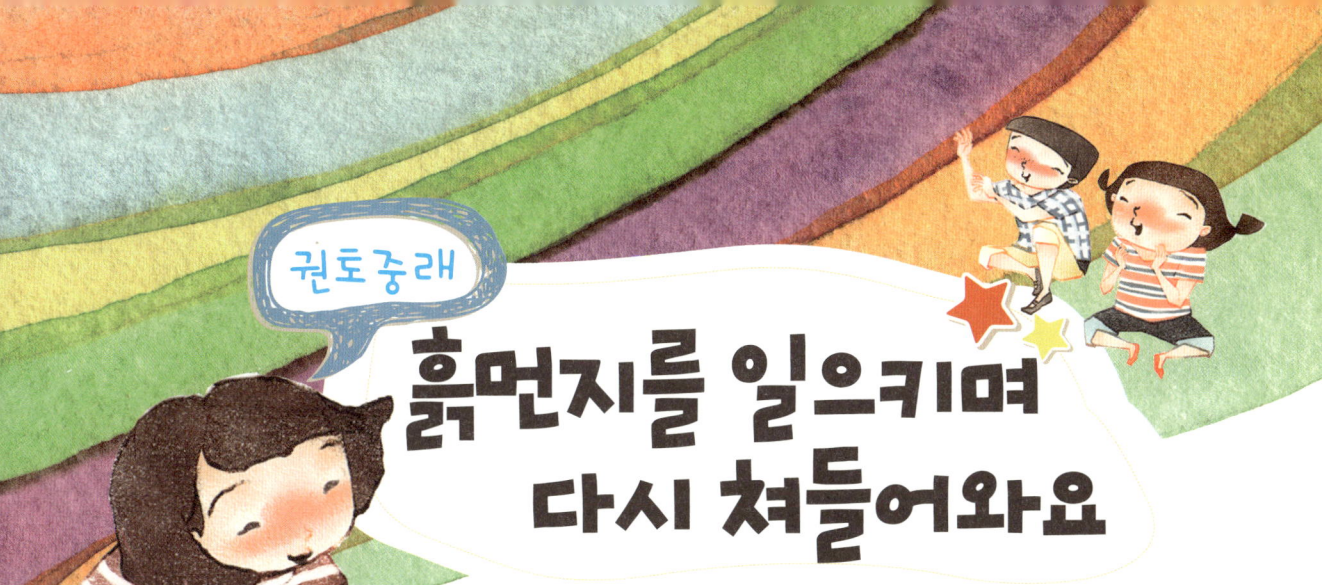

권토중래
흙먼지를 일으키며 다시 쳐들어와요

1학년 2학기 국어 6. 이야기꽃을 피워요
1학년 2학기 통합 교과 우리나라 – 우리나라의 상징
2학년 2학기 통합 교과 우리나라 – 우리나라와 이웃 나라
3학년 2학기 국어 1. 마음으로 보아요
5학년 1학기 사회 1. 하나 된 겨레
5학년 1학기 사회 3. 유교 전통이 자리 잡은 조선
6학년 1학기 사회 1. 우리 국토의 위치와 영역
6학년 2학기 사회 2. 세계 여러 지역의 자연과 문화

捲	土	重	來
말	흙	거듭	올
권	토	중	래

기원전 202년 중국 초나라와 한나라의 전쟁 때였어요. 항우는 초나라 왕으로 스스로를 '패왕'이라 칭했지요. 하지만 당시 해하 지방에서 한나라 군사에게 포위되었어요. 그리고 겨우 800명의 기병만으로 가까스로 포위망을 뚫고 빠져나왔어요.

그러나 항우가 해하를 벗어났을 즈음 800명이었던 군사는 100여 명밖에 남지 않았고요. 항우가 동성에 이르렀을 때는 28명밖에 남지 않았어요.

항우는 28명을 네 조로 나누어 적과 싸우도록 하고 자신도 한나라 군대의 장수들을 비롯한 100여 명의 적을 상대했어요. 그렇게 끝까지 포기하지 않고 적과 맞서던 항우와 병사들은 어느덧 오강의 강가에 다다랐어요. 오강의 강가에서 그들을 기다리고 있던 부하는 이미 배까지 대어 놓은 상태였어요. 그리고 항우에게 이렇게 청했어요.

"어서 우리 땅인 강동으로 다시 돌아가시지요. 비록 강동이 작다고는 하나 아직 천 리 땅이 있고 몇십 만의 백성들이 있으니, 그곳에 가서도 뒷날을 도모할 수 있습니다. 빨리 강을 건너시지요."

그러나 항우는 웃으며 조용히 대답했어요.

"내가 처음에 강동에서 군사를 일으켜 서쪽으로 나아가면서 함께했던 군사가 8천이다. 그러나 지금 그중에 몇 명이나 살아 있는지 아느냐. 내 이제 와 무슨 면목으로 강동의 사람들을 대하겠느냐."

그러고는 항우는 타고 있던 말을 부하에게 주었어요. 그리고 기병들에게 모두 말에서 내려 최후의 결전을 벌이도록 명령하였어요. 항우는 이때 뒤쫓아 온 적군을 다시 100여 명이나 베었지요. 하지만 자신도 20여 군데나 상처를 입어 온몸이 피투성이가 되었어요. 그렇지만 항우는 전부터 잘 알고 있던 적의 장수인 여마동에게 큰 소리로 이렇게 외쳤어요.

"한나라 군대는 나의 목에 황금 5천과 고을 1만 호를 걸었다고 들었다! 그러니 어서 나의 목을 가져다 바쳐라!"

항우는 말을 마치자마자 스스로 자신의 목에 칼을 겨누어 자결하였어요. 그때 그의 나이 31세로 군사를 일으킨 지 8년째였어요.

그로부터 천여 년의 세월이 흐른 어느 날이었어요. 당나라 시인 두목이 오강 강가를 유람할 때 였지요. 두목은 당시 항우가 오강을 건너 강동으로 가지 않은 것을 아쉬워했어요. 그리고 「오강정시」라는 시를 지었어요.

당나라 최고의 시인 두보 그리고 두목

중국 문학사에 가장 위대하다고 칭송받는 당나라의 시인 두보는 시의 성인이라 하여 '시성'으로 불릴 정도예요. 두목 역시 당나라의 뛰어난 시인으로, 작품이 두보와 비슷하다 하여 작은 두보라는 뜻의 '소두'라고 불리는 사람이에요. 특히 두보의 시는 우리나라에도 큰 영향을 미쳤어요. 조선 세종 때 두보의 시를 번역하기 시작하여 성종때에 이르러서야 한글로 번역을 완료하였는데요. 이것을 『두시언해』라고 해요. 언해란 한문으로 된 것을 한글로 바꾸는 것을 말해요. 『두시언해』는 우리나라 최초의 번역 시집이었어요.

승패는 병가에서도 기약할 수 없는 것.

부끄러움을 안고 참을 줄 아는 것이 사나이로다.

강동의 젊은이 중에 재주 있는 자가 많은데

흙먼지를 일으키며 다시 왔다면 어찌 되었을까.

항우가 오강을 건너 다시 군대를 일으켰다면 승패는 알 수 없었을 거라는 의미를 담고 있어요. 이 시에서 나오는 '흙먼지를 일으키며 다시 온다'라는 구절이 바로 '권토중래'예요. 오늘날 '한 번 실패한 사람이 힘을 길러 다시 쳐들어온다'는 뜻으로 사용되고 있어요.

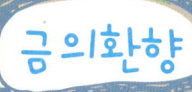

비단옷을 입고 고향으로 돌아가요

금의환향

2학년 2학기 통합 교과 우리나라 – 우리나라와 이웃 나라
5학년 1학기 사회 1. 하나 된 겨레
6학년 1학기 사회 1. 우리 국토의 위치와 영역
6학년 2학기 사회 2. 세계 여러 지역의 자연과 문화

錦	衣	還	鄕
비단	옷	돌아갈	고향
금	의	환	향

중국 초나라와 한나라의 전쟁이 한창일 때의 이야기예요. 초나라의 패왕 항우와 한나라의 유방은 진나라의 도읍인 함양 땅을 차지하기 위해 각축전을 벌이고 있었어요.

먼저 함양을 차지한 것은 유방이었어요. 유방은 진나라의 항복을 받아 낸 후 어떤 재물에도 일절 손을 대지 않았어요. 또 엄격한 군기로 군대를 다스려 함양의 백성들로부터 큰 환영을 받았어요.

이에 함양을 빼앗긴 항우는 분한 마음을 삭히지 못해 대군을 이끌고 홍문까지 진격하였어요. 그 소식을 들은 유방은 항우의 공격에 맞서고자 하였지요. 그런데 그의 부하였던 장량이 찾아와 말했어요.

"지금 항우의 군대와 맞서 싸우시면 안 됩니다."

"뭐라! 항우가 감히 홍문까지 진격하여 나를 위협하고 있다. 그런데도 참으란 말이냐!"

유방은 화가 나서 소리쳤어요. 하지만 장량은 아랑곳하지 않았지요 오히려 계속해서 말을 이었어요.

"때를 기다리셔야 합니다. 지금 홍문에 진을 친 항우의 군대는 40만이나 되옵니다. 그러나 우리 측의 군대는 10만에 불과하니, 만일 전투를 벌인다면 우리가

비단옷을 입어도 인정 못 받는 금의야행

금의환향이 있다면 금의야행도 있어요. 이는 비단옷을 입고 밤길을 걸어간다는 뜻이에요. 훌륭한 성공을 거두었지만 금의환향과 달리 세상으로부터 인정받지 못하는 것을 의미해요. 하지만 공자의 말씀처럼 남이 나를 알아주지 않아도 화내지 않으면 그 또한 군자가 아닐까요? 묵묵히 자신의 길을 가는 사람이야말로 가장 아름다운 사람이에요.

錦	衣	夜	行
비단	옷	밤	다닐
금	의	야	행

대패할 것은 자명한 일입니다."

유방은 그제야 고개를 끄덕였어요. 그리고 현실을 냉정히 받아들여 항우에게 순순히 함양을 넘겨주었어요.

한편 마침내 함양에 입성한 항우는 한나라에 항복했던 진나라의 왕인 영을 잡아다 죽였어요. 또 함양의 궁궐을 비롯한 건물들을 불태우는 등 이전의 유방과는 전혀 다른 모습을 보였어요. 함양의 백성들은 그런 항우를 손가락질하며 말했어요.

"유방과 달리 항우는 포악하기 그지없어 함양 땅을 초토화시키고 있구나. 백

하늘에 맡긴 마지막 승부, 건곤일척

건곤일척은 승패와 흥망을 걸고 마지막으로 결행하는 승부를 가리키는 말이에요. 여기서 건곤(乾坤)은 각각 하늘과 땅을 뜻하고, 척(擲)은 던지다 또는 도박을 걸다를 뜻해요. 때문에 이것을 모두 합치면 운을 하늘에 맡기고 한번 던져 본다, 즉 천하를 건 일대 도박의 의미가 돼요. 역사 속 수많은 영웅들이 당당하게 금의환향할 수 있었던 것은 바로 이러한 건곤일척의 순간을 무사히 넘겼기 때문이랍니다.

乾	坤	一	擲
하늘	땅	한	던질
건	곤	일	척

성들의 마음이 떠나는 줄도 모르고 이렇듯 제멋대로 날뛰고 있으니 참으로 큰일이다."

그러나 항우는 아랑곳하지 않고 오히려 시황제의 능인 여산릉을 파헤쳐 많은 재화까지 손에 넣었어요. 그리고 그것들을 모두 챙겨 고향으로 돌아갈 채비를 하며 말했어요.

"부귀하여 고향에 돌아가지 않는다면 모처럼 비단옷을 입고 밤길을 가는 것과 같다."

고향으로 돌아간 항우는 고향 사람들에게 자신의 공을 널리 알릴 수는 있었어요. 그렇지만 훗날 해하 지방에서 크게 패하고 자결하였지요. 결국 모든 것을 잃고 만 거예요. 금의환향은 항우의 말에서 나온 것이에요. '비단옷을 입고 고향에 돌아오다'라는 뜻이지요. 이는 '크게 출세하여 고향에 돌아온다'는 의미로 쓰여요.

쓸데없는 근심 걱정

기우

2학년 2학기 통합 교과 우리나라 – 우리나라와 이웃 나라
3학년 2학기 국어 6. 서로의 생각을 나누어요
6학년 1학기 사회 1. 우리 국토의 위치와 영역
6학년 2학기 사회 2. 세계 여러 지역의 자연과 문화

杞 나라이름 기
憂 근심 우

옛날 중국의 기나라에 공연히 쓸데없는 걱정을 하는 사람이 살고 있었어요. 그의 가장 큰 걱정거리는 '하늘이 무너져 내리면 어디에 숨어야 하나'라는 것이었어요. 그는 너무나 걱정이 되어 밤마다 잠도 자지 못하고 음식도 먹지 못했지요. 마을 사람들은 그가 저렇게 걱정을 하다가 혹여 잘못되기라도 할까 봐 애가 탔어요.

다행이도 걱정 많은 사람에게는 지혜롭고 현명한 친구가 한 사람 있었어요. 그는 이번 기회에 친구의 잘못된 버릇을 고쳐 주기로 마음먹었지요. 현명한 친구가 말했어요.

"이보게, 하늘은 기가 쌓인 것이라네. 그래서 기가 없는 곳이 없지. 우리가 몸을 움직이고 숨을 쉬는 것도 늘 기가 꽉 차 있는 이 하늘 안에서 하는 것이라네. 그러니 어찌 하늘이 무너지겠는가?"

그러자 걱정 많은 사람이 물었어요.

"자네 말대로 하늘이 정말 기가 쌓인 것이라면 해, 달, 별이 어째서 떨어지지 않는가?"

안팎으로 걱정뿐, 내우외환

내우외환은 안으로는 걱정, 밖으로는 근심이란 말이에요. 온통 걱정거리 뿐이라는 뜻이지요. 걱정과 관련된 우리 속담에는 '걱정이 반찬이면 상다리가 부러진다'라는 말이 있어요. 쓸데없이 걱정만 하고 밥도 제대로 먹지 않는 것을 두고 이르는 말이지요. 뭐든지 걱정을 하고자 들면 끝도 없는 것이니 쓸데없이 너무 많은 걱정을 하지 말라고 충고할 때 쓰여요. 이와 비슷한 속담으로는 '걱정도 팔자다'가 있는데요. 이 말은 하지 않아도 될 걱정이나 관계없는 남의 일에 참견하는 것을 나타낼 때 쓰여요.

內	憂	外	患
안	근심	바깥	근심
내	우	외	환

"해와 달, 별도 역시 기가 쌓여 있는 곳에 있다네. 그러니 설사 떨어진다고 해도 사람은 다치지 않아."

현명한 친구의 말에 걱정 많은 사람은 살짝 안심이 되었어요. 그러나 곧 또 다른 걱정이 생겨나 울상을 지었지요.

"하늘은 그렇다 치더라도 땅이 꺼지면 어쩌나?"

현명한 친구는 빙긋 웃으며 답했어요.

"땅은 흙이 쌓인 것뿐이라네. 사방에 가득 차 있기 때문에 흙이 없는 곳은 없지. 우리가 뛰고 구르는 것도 늘 땅 위에서 하고 있지 않나? 그런데 어째서 땅이 꺼질까 근심하는가? 자네도 이젠 그 쓸데없는 걱정 좀 접어 두게."

이 말을 들은 걱정 많은 사람은 마침내 크게 기뻐하며 마음을 놓았어요. 바로 이 이야기에서 나온 말이 '기우'예요. 이는 '기나라 사람의 걱정'이라는 뜻으로 '공연한 근심과 걱정'을 빗대어 이르는 말이에요.

기호지세

호랑이 등에 올라탄 것처럼 멈출 수 없어요

2학년 2학기 통합 교과 우리나라 – 우리나라와 이웃 나라
6학년 1학기 사회 1. 우리 국토의 위치와 영역
6학년 2학기 사회 2. 세계 여러 지역의 자연과 문화

騎	虎	之	勢
말탈	범	~의	형세
기	호	지	세

    중국 남북조 시대에 있었던 일이에요. 북조 마지막 황제인 선제가 죽자 재상인 양견은 궁에 들어가 나랏일을 통솔했어요. 양견은 일찍이 자신의 딸을 선제와 결혼시켜 북주의 실질적인 권력을 손에 쥐었던 인물이에요.

    한족이었던 양견은 한족의 땅이 이민족인 오랑캐에게 점령된 것을 분하게 여겼어요. 그래서 기회만 있으면 천하를 다시 수중에 넣으려는 생각을 하고 있었어요. 그러던 차에 선제가 세상을 뜨자 기회가 온 거예요. 물론 선제에게는 아들 정제가 있었어요. 그러나 정제는 아직 어리고 배움이 짧아 나랏일을 돌보기

에는 역부족이었어요. 그리하여 양견은 마침내 어린 황제에게 왕위를 물려받아 수나라를 세웠어요.

어느 날 양견은 마음이 어지러워 좀처럼 잠을 이룰 수가 없었어요. 수많은 역경을 헤쳐 온 그에게도 천하 통일을 이루는 데에는 많은 용기와 힘이 필요했어요. 그래서 실패하면 어쩌나 하는 두려움에서 벗어날 수 없었던 거예요.

양견의 부인인 독고 황후는 그런 남편을 보다 못해 물었어요.

"어째서 밤이 늦도록 잠자리에 들지 못하고 계십니까?"

양견은 깊은 한숨을 내쉬고는 속마음을 털어놓았어요.

"부인, 이제 나는 수나라를 세워 천하 통일을 눈앞에 두고 있소. 그 뜻을 이루기 위해서는 반드시 진나라를 무너뜨려야만 하오. 그런데 과연 성공할 수 있을지 확신이 서질 않으니 어찌하면 좋겠소."

그러자 독고 황후가 대답했어요.

"일은 이미 벌어졌습니다. 호랑이 등에 올라탄 이상 도중에 내릴 수는 없는 법이지요. 그러니 마음먹은 바를 끝까지 이루십시오."

"고맙소, 부인. 내 괜스레 마음이 약해졌구려. 당신의 말을 가슴에 새기고 반드시 목표를 달성하고야 말겠소."

양견은 독고 황후의 단호한 조언에 다시 마음을 다잡을 수 있었어요.

그로부터 8년 후 양견은 남조의 진나라를 멸망시키고 드디어 천하를 통일하였어요. 결국 양견은 부인 독고 황후의 조언에서 용기를 얻어 큰 뜻을 이룰 수 있었던 셈이에요. 이 이야기에서 나온 말이 바로 '기호지세'예요. '호랑이 등에 올라탄 기세'라는 뜻으로 '벌여 놓은 일을 중도에 그만둘 수 없는 형편'을 이르는 말로 쓰이고 있어요.

수나라 100만 대군을 무찌른 을지문덕 장군

중국을 통일한 수나라는 요동과 요서 지방을 두고 고구려와 신경전을 벌였어요. 그러던 중 612년, 마침내 수나라는 100만 대군을 이끌고 고구려를 공격해 왔어요. 하지만 고구려의 명장이던 을지문덕은 거짓으로 항복하는 계책을 꾸몄지요. 그리고 수나라 군대의 진영으로 들어가 형세를 정탐하였어요. 또한 반복적인 후퇴 작전을 이용해 적을 지치게 만든 뒤, 수나라 군대를 상대로 살수에서 대대적인 승리를 거두었어요. 바로 이것이 그 유명한 살수 대첩이에요. 살수는 지금의 청천강을 말해요.

난형난제

형과 아우를 가리기 어려울 만큼 비슷한 능력

2학년 2학기 통합 교과 우리나라 – 우리나라와 이웃 나라
5학년 1학기 사회 1. 하나 된 겨레
6학년 1학기 사회 1. 우리 국토의 위치와 영역
6학년 2학기 사회 2. 세계 여러 지역의 자연과 문화

難	兄	難	弟
어려울	형	어려울	아우
난	**형**	**난**	**제**

중국이 후한 말에 진식이라는 사람이 있었어요. 그는 덕망이 높아 그의 두 아들인 기, 담과 더불어 '삼군자'로 불렸어요. 진식은 집에 하인을 두지 않을 정도로 매우 검소하게 생활했어요.

두 아들 기와 담이 어릴 때의 일이었어요. 진식의 집에 손님이 와 머무른 적이 있었어요. 진식은 두 아들에게 저녁밥을 하라 이르고 방 안에서 손님과 토론에 열중했어요. 얼마 후 진식은 저녁밥을 가져오라고 하였어요. 그런데 어찌 된 일인지 형제가 가져온 음식은 멀건 죽뿐이었어요. 진식은 놀라 물었어요.

"아니, 밥을 지으라 하였거늘 어찌하여 죽을 지어 왔느냐?"

그러자 기가 먼저 무릎을 꿇더니 말했어요.

"사실 저희가 부엌에서 밥을 짓던 중 아버지와 손님의 토론에 귀를 기울이다가 밥 찌는 바구니 밑에 채롱 받치는 것을 까맣게 잊었습니다."

이어 담도 말했어요.

"그 바람에 쌀이 모두 솥 안으로 떨어져 그만 죽이 되고 말았습니다. 손님을 모셔 놓고 제대로 된 식사를 대접하지 못해 참으로 할 말이 없습니다."

진식은 아들들의 이야기에 어이가 없었지만 한편으로 궁금증이 생겼어요.

"그래, 너희는 우리의 토론 내용을 조금이라도 기억하느냐?"

그러자 형제는 놀랍게도 토론의 요점을 정확하게 파악하여 대답하였어요. 진식은 형제가 대견하게 느껴져 부드러운 미소를 지으며 말했어요.

"확실하구나. 그렇다면 아비는 죽이라도 좋으니 더 이상 용서를 빌 것 없느니라."

그 후 세월이 지나 두 아들 기와 담은 장가를 들어 각각 아들 장문과 충을 낳았어요. 사촌지간인 장문과 충은 서로 자기 아버지가 더 잘났다고 업적과 덕행을 자랑하다 말다툼을 하고 말았어요. 급기야 그들은 할아버지인 진식을 찾아가 우열을 가리기로 했어요.

"할아버지, 우리 아버지가 더욱 총명하고 지혜로웠지요?"

기의 아들 장문이 물었어요.

"아닙니다. 할아버지, 우리 아버지의 학식이 더욱 높고 깊었지요?"

담의 아들 충도 질세라 물었어요. 그러자 할아버지 진식은 손자들에게 이렇게 대답했어요.

"형이 낫다고 하기도 어렵고 동생이 낫다고 하기도 어려울 정도로 두 사람은 모두 훌륭했다."

이렇게 할아버지 진식이 손자들에게 대답한 말에서 '난형난제'란 말이 나왔어요. 이후 난형난제는 '두 사람의 능력이 비슷비슷해 우열을 가릴 수 없다'는 의미로 쓰이게 되었어요.

위아래를 구분하기 어려운 막상막하

막상막하 역시 난형난제와 비슷한 뜻을 담고 있는 말이에요. 즉 위도 없고 아래도 없으니 무엇이 더 낫고 더 못함의 차이가 없는상태를 말하는 거예요. 막(莫) 자가 들어가 쓰이는 말로는 막강(莫强)과 막중(莫重)을 예로 들 수 있어요. 막강은 더 강한 것이 없다는 뜻이니 최고로 강하다는 것이고, 막중은 더 중요한 것은 없다는 뜻이니 제일 중요하다는 거예요.

莫	上	莫	下
없을	윗	없을	아래
막	상	막	하

나무 아래서 꾼 꿈속의 부귀영화

2학년 2학기 통합 교과 우리나라 – 우리나라와 이웃 나라
5학년 1학기 사회 1. 하나 된 겨레
5학년 2학기 사회 1. 조선 사회의 새로운 움직임
6학년 1학기 사회 1. 우리 국토의 위치와 영역
6학년 2학기 사회 2. 세계 여러 지역의 자연과 문화

南	柯	一	夢
남녘	기지	한	꿈
남	가	일	몽

　중국 당나라 때 광릉 땅에 순우분이란 사람이 살고 있었어요. 그는 늘 친구들과 더불어 노는 것을 낙으로 삼았어요. 순우분의 집 남쪽 편에는 커다란 나무가 그늘을 드리우고 있어 그는 곧잘 그곳에서 잠을 청하곤 했어요.

　어느 날 순우분은 평소와 마찬가지로 잔뜩 취해 나무 그늘 아래 누워서 잠이 들었어요. 그때 어디선가 자줏빛 옷을 입은 두 사람이 나타나 엎드려 말했어요.

　"저희는 괴안국 왕의 명령을 받고 당신을 모시러 왔습니다."

순우분은 그들이 준비한 네 필의 말이 끄는 마차를 타고 나무 구멍 속으로 들어갔어요. 그 안에는 괴안국 왕이 성문 앞에서 순우분을 기다리고 있었어요.

순우분은 어물어물하는 사이 왕의 딸을 아내로 맞이하였고 그곳에서 높은 벼슬을 하게 되었어요. 뿐만 아니라 순우분은 아들딸도 여럿 두었는데요. 아들들은 모두 높은 벼슬에 오르고 딸들도 왕족에게 시집을 가 순우분 가문의 세력은 나라 안에서 견줄 만한 사람이 없었어요.

그런데 순우분이 높은 벼슬자리에 오른 지 20년째 되던 해에 단라국의 군대가 침입해 왔어요. 순우분은 즉시 3만 군대를 이끌고 나가 싸웠으나 크게 패하고 말았어요. 그로부터 얼마 지나지 않아 순우분의 아내도 갑작스런 병으로 세상을 떠났어요. 크게 상심한 순우분은 관직에서 물러나 괴안국의 수도로 돌아왔어요. 그러나 순우분의 명성이 워낙 드높았던지라 그를 찾아오는 귀족과 유력 인사 들의 발길이 끊이지 않았어요.

그때 괴안국 왕에게 '나라에 어려움이 닥쳐올 불길한 조짐이 있다'는 내용의 상소문이 계속해서 올라오고 있었어요. 그래서 괴안국 왕은 순우분의 세력이 막강해지는 것을 불안해했어요. 마침내 왕은 순우분을 불러들여서 이렇게 말했어요.

"자네도 고향을 떠난 지 오래되었으니 한번 다녀오는 것이 어떻겠는가?"

"제집은 여기입니다. 돌아가지 않겠습니다."

순우분은 거절했지만 왕의 뜻은 완고했어요.

"여기는 본디 자네가 살던 곳이 아니니 내 말대로 하게."

왕은 결국 순우분을 고향으로 돌려보냈어요.

한참 뒤 잠에서 깬 순우분은 놀라움을 감출 수 없었어요. 자신이 괴안국에 들어가기 전 술에 취해 잠들었던 그 자리, 그 시간에 똑같이 누워 있었기 때문이었어요. 괴안국에서의 세월이 한낱 꿈에 불과했던 거예요. 이때부터 '남쪽 가지 밑에서 잠을 자다 꾼 한바탕 꿈'이라는 뜻의 '남가일몽'은 '부귀영화의 헛된 꿈' 혹은 '인생이 덧없음'을 나타내는 말이 되었어요.

일장춘몽과 김만중이 쓴 소설 『구운몽』

일장춘몽 역시 남가일몽과 비슷한 뜻으로 봄날에 한바탕 꾼 꿈이란 말이에요. 헛된 영광 또는 홀연히 사라져 버린 일을 의미하여 인생과 부귀영화의 허무함을 비유하여 이르지요. 고대 소설 중 제목에 몽(夢) 자가 들어가는 것은 인생과 부귀영화의 허무함을 주제로 다루는 내용이 주를 이루고 있어요. 예를 들어 조선 숙종 때 김만중이 어머니를 위해 지었다는 『구운몽』 역시 주인공이 부귀영화를 누리지만 결국 그 허무함을 깨닫는 내용으로 이루어져 있어요.

一	場	春	夢
한	마당	봄	꿈
일	장	춘	몽

남상
어떤 사물이나 일의 처음

2학년 2학기 통합 교과 우리나라 – 우리나라와 이웃 나라
6학년 1학기 사회 1. 우리 국토의 위치와 영역
6학년 2학기 사회 2. 세계 여러 지역의 자연과 문화
6학년 2학기 도덕 10. 참되고 숭고한 사랑

濫 — 넘칠 **남**
觴 — 술잔 **상**

어느 날 공자의 제자인 자로가 화려한 옷을 입고 공자를 찾아왔어요. 이때 공자가 자로를 보고는 이렇게 말했지요.

"자로야, 네 옷차림이 왜 그런 것이냐?"

자로는 공자의 물음에 의아해하며 대답했어요.

"스승님, 제 옷차림에 무슨 문제가 있습니까?"

그러자 공자는 자로에게 짧은 이야기 하나를 들려주었어요.

"자로는 잘 들어라. 옛날 강은 민산으로부터 흘러나왔다. 그런데 그 강이 처음 시작될 때는 아주 양이 적어 고작 술잔에 넘칠 정도였지. 그러나 그것이 아래로 흘러내려 강을 이루어서는 배를 타지 않거나 바람을 피하지 않으면 건널 수가 없게 되었느니라. 이는 오직 하류에 물이 많아서 그런 것이 아니겠느냐? 지금 너도 의복을 그토록 화려하게 차려입고 얼굴빛이 달떠 있으니 장차 누가 너에게 잘못을 따져 묻고 올바른 충고를 하겠느냐."

이처럼 공자는 큰 강물도 그 근원을 따져 올라가면 술잔에 넘칠 정도의 적은 물에서 시작되었듯이, 모든 일은 작은 데에서 시작하여 큰 것으로 옮아가는 법이라 하였어요.

자로의 옷차림 또한 마찬가지예요. 공자는 자로가 옷을 화려하게 입는 것 또한 작은 일이지만 그것이 더 나아가 제자의 맑은 정신을 흐리지는 않을까 걱정이 된 거예요. 그렇게 되면 선비로서 마땅히 힘써야 할 일을 소홀히 하고 겉치레만 신경을 쓰게 될 테니까요.

공자는 자로에게 다시 말했어요.

"자로야, 내 너에게 말하노니 말을 신중하게 하는 사람은 겉모습을 화려하게 하지 않는 법이다. 또 행동을 신중하게 하는 사람은 뽐내지 아니하니라. 앎을 얼굴에 나타내어 유능한 척하는 사람은 소인이다. 그러므로 군자는 아는 것을 안다고 말하고 모르는 것은 모른다고 말하는 것이다. 알겠느냐?"

"예, 제가 잘못했습니다. 앞으로는 스승님의 그 말씀을 가슴 깊이 새기고 실천하겠습니다."

자로는 공자의 뜻을 알아듣고 크게 뉘우쳐 그 즉시 옷을 갈아입었어요. 결국 공자는 자로에게 군자로서 마땅히 지켜야 할 도리를 일깨워 주기 위해 '술잔이 넘친다'는 뜻의 '남상'을 이야기한 거예요. 또한 술잔이 넘칠 정도의 적은 양이란 뜻의 이 말은 훗날 '어떤 사물이나 일의 처음 또는 근원'을 뜻하는 말로 쓰이게 되었어요.

전쟁을 알리는 화살이었던 효시

어떤 일의 처음을 말하는 남상과 비슷한 뜻을 가진 말로 효시가 있어요. 효시는 장자가 쓴 책 『장자』에 나온 말인데요. 이 역시 화살을 쏘아 시작을 알린다는 뜻을 담고 있어요. 옛날에는 전투 때 대장이 화살을 허공에 쏘아 올리는 것을 신호로 공격을 시작하였어요. 우리나라의 고구려에도 이 같은 화살이 있었지요. 따라서 효시는 어떤 사물이나 현상이 시작된 맨 처음을 비유적으로 이르는 말로 쓰여요.

嚆	矢
울릴	화살
효	시

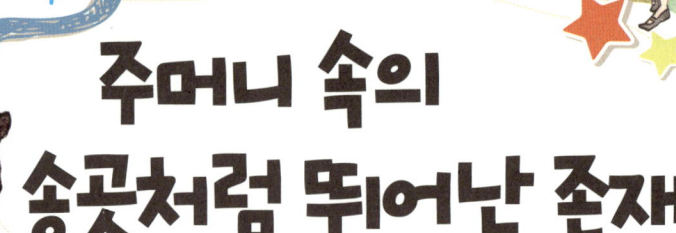

주머니 속의 송곳처럼 뛰어난 존재

낭중지추

2학년 2학기 통합 교과 우리나라 – 우리나라와 이웃 나라
6학년 1학기 사회 1. 우리 국토의 위치와 영역
6학년 2학기 사회 2. 세계 여러 지역의 자연과 문화

囊	中	之	錐
주머니	가운데	~의	송곳
낭	중	지	추

    중국 전국 시대 말의 조나라에 조승이라는 사람이 살고 있었어요. 조승은 조나라 혜문왕의 동생으로 조나라 재상이었어요. 그는 제나라의 맹상군, 위나라의 신릉군, 초나라의 춘신군과 더불어 위세를 떨치고 있었는데요. 항상 인재들을 잘 대접하여 그에게 몰려든 식객이 3천 명이 넘을 때도 있었어요.

    그러던 어느 날이었어요. 조나라가 강대국이었던 진나라의 공격을 받게 되자 혜문왕은 조승을 불러 명령했어요.

    "조승, 그대는 어서 초나라로 떠나 동맹을 추진해라."

혜문왕은 초나라와 동맹을 맺어 진나라의 공격을 막아 낼 생각이었어요.

"예, 알겠습니다. 반드시 동맹을 맺고 돌아올 테니 걱정하지 마시옵소서."

한 치의 망설임도 없이 대답한 조승은 곧 자신의 집으로 향했어요. 그리고 자신이 거느리던 식객 중 학식과 용맹함을 모두 갖춘 스무 명을 뽑아 함께 떠나고자 하였어요. 그런데 조승은 예상치 못한 어려움과 마주했어요. 열아홉 명은 선발하였으나 나머지 한 사람을 찾아내는 일이 쉽지 않았던 거예요.

그때였어요. 식객 중 모수라는 사람이 손을 들어 자신이 조승과 함께 가겠노라고 나섰어요. 조승은 그에게 물었어요.

"선생은 우리 집에 와서 몇 해나 묵었습니까?"

"이제 3년이 됩니다."

"그럼 저는 선생과 동행하지 않겠습니다."

조승의 단호한 말에 이번엔 모수가 되물었어요.

"어째서 함께 가지 않겠다는 말씀인지요?"

"본래 재능이 뛰어난 사람은 세상에 있으면 마치 주머니 속의 송곳 끝이 밖으로 나오듯이 눈에 드러나게 되는 법이지요. 그런데 선생은 우리 집에 온 지 벌써 3년이나 되었는데도 선생의 뛰어난 점을 들은 적이 없으니, 결국 선생은 능력이 없는 것 아닙니까?"

그러자 모수는 빙긋 웃으며 대답했어요.

"그것은 나리께서 이제까지 단 한 번도 저를 주머니 속에 넣어 주지 않으셨기 때문입니다. 하지만 이번에 주머니 속에 넣어 주신다면 송곳의 끝뿐만 아니라 송곳 자루까지 드러내 보이겠습니다."

조승은 모수의 재치 있는 말과 당당한 모습에 반해 결국 그를 스무 번째 동행자로 선발했어요. 조승과 함께 초나라로 향한 모수는 특유의 용기와 설득력으로 위기를 극복해 나갔지요. 그리고 동맹을 성사시키는 데 지대한 공을 세웠어요. '주머니 속의 송곳'이라는 뜻의 '낭중지추'는 여기에서 나온 말이에요. '재능이 뛰어난 사람은 숨어 있어도 자연히 존재가 드러난다'는 것을 가리키지요.

자기 자신을 추천하는 모수자천

모수는 낭중지추에 나오는 주인공이에요. 모수자천은 바로 모수가 스스로 자기를 추천했다는 의미예요. 모수는 아무도 자기 자신을 알아주지 않았지만 스스로를 추천하여 전쟁에 나가 큰 공을 세웠어요. 오늘날에도 자기 스스로를 추천하거나 잘난 척하는 사람 혹은 스스로 어떤 일을 자발적으로 하는 사람이 나오기를 바랄 때 이 말을 써요.

毛	遂	自	薦
털	드디어	스스로	추천할
모	수	자	천

농단
높은 곳에서 내려다 보며 이익을 독차지해요

2학년 2학기 통합 교과 우리나라 – 우리나라와 이웃 나라
5학년 1학기 사회 2. 다양한 문화를 꽃피운 고려
5학년 1학기 사회 3. 유교 전통이 자리 잡은 조선
6학년 1학기 사회 1. 우리 국토의 위치와 영역
6학년 2학기 사회 2. 세계 여러 지역의 자연과 문화
6학년 2학기 도덕 10. 참되고 숭고한 사랑

壟 언덕 이름 **농**   斷 끊을 **단**

맹자는 중국 전국 시대에 수년간 제나라의 정치 고문으로 있었어요. 하지만 제나라의 선왕은 도무지 맹자의 옳은 소리를 들으려고 하지 않았어요. 그래서 맹자는 그 지위에서 물러나 고향으로 돌아가려고 하였어요. 그것을 안 선왕이 시자라는 사람을 통하여 맹자에게 '집을 마련해 드리고 넉넉한 녹봉을 드려 제자들을 양성하게 하며, 여러 사람이 공경하고 본받게 하고 싶으니 떠나지 마라'는 의견을 전하도록 했어요.

이 말을 들은 맹자가 말하였어요.

"내가 바라는 것은 재산이 아닙니다. 만일 부를 원하는 것이라면 제나라 정치 고문으로 10만 종의 녹봉을 마다하고 새삼 1만 종을 받겠습니까? 일찍이 계손이 말하기를 '자숙의는 이상하다. 자기가 정치를 하다가 받아들여지지 않았으면 그만두고 말 것이지, 어찌하여 자제에게 그 자리를 또 물려주었는가. 어떤 사람인들 부귀를 원하지 않겠느냐마는 그는 남을 밀어젖히고 부귀를 독차지한 것이다'라고 하였습니다. 또 옛날에는 시장에서 자신의 남는 물건을 가지고 와서 자신에게 필요한 물건으로 바꾸었으며, 시장을 다스리는 관리가 있어 부정한 거

맹자가 주장한 성선설

맹자는 공자의 뒤를 잇는 유교 사상가로 성선설을 주장하였어요. 성선설이란 사람의 타고난 본성이 착하다고 보는 사상으로 네 가지 마음씨, 즉 사단을 기본 바탕으로 삼고 있어요. 사단이란 남의 불행을 불쌍히 여기는 측은지심, 옳지 못함을 부끄러워하는 수오지심, 겸손하게 양보하는 사양지심, 옳고 그름을 가릴 줄 아는 시비지심을 말해요. 그리고 맹자는 전국 시대 사상가를 의미하기도 하지만 유교의 기본 경전인 사서삼경 중 『논어』, 『중용』, 『대학』과 더불어 사서의 하나를 일컫는 말이기도 해요.

래를 단속하였습니다. 그러나 세금을 징수하지는 않았습니다. 그런데 그중에 한 욕심 많은 장사치가 있어 높이 솟은 언덕을 차지하고는 시장 전체를 둘러보고 이리저리 뛰어다니며 시장의 모든 이익을 독차지하였습니다. 그래서 사람들이 그를 비난하였으며 관리도 이 장사치로부터 세금을 징수했습니다. 이것이 상인에게서 세금을 징수하게 된 시초였습니다."

이 말을 전한 맹자는 제나라 왕의 제안을 거절하고 고향으로 떠났어요. 맹자의 이 말은 이익을 독차지한 자숙이나 욕심 많은 장사치를 못마땅하게 여긴 거예요. 여기서 '높이 솟은 언덕'을 뜻하는 '농단'이란 말이 나왔고요. '가장 유리한 위치에서 이익이나 권력을 독차지하는 것'에 비유하는 말로 쓰이고 있어요.

모든 일은 내 마음대로 좌지우지

좌지우지란 어떤 일이나 대상을 제 마음대로 휘두르는 행위를 가리켜요. 이때 우(右) 자는 오른쪽 방향을 뜻하고 좌(左) 자는 왼쪽 방향을 뜻하지요. 이를 글자 그대로 풀이하면 오른쪽으로 돌렸다 왼쪽으로 돌렸다 하는 것이니 어쨌든 자기 마음대로 한다는 말이에요.

左	之	右	之
왼쪽	갈	오른쪽	갈
좌	지	우	지

많으면 많을수록 좋아요

다다익선

2학년 2학기 통합 교과 우리나라 – 우리나라와 이웃 나라
5학년 1학기 사회 1. 하나 된 겨레
6학년 1학기 사회 1. 우리 국토의 위치와 영역
6학년 2학기 사회 2. 세계 여러 지역의 자연과 문화

多	多	益	善
많을	많을	더욱	좋을
다	다	익	선

    한나라가 초나라 항우의 군대를 격파하고 중국을 통일했을 때예요.

    한나라의 제1대 황제 고조가 된 유방은 장군 한신을 초왕의 자리에 임명하였어요. 한신은 본래 초나라 항우의 편이었으나 높은 벼슬에 오르지 못하자 이를 원망하여 유방의 편으로 돌아선 인물이었어요. 그리고 한신은 유방의 천하 통일에 커다란 공을 세웠어요. 유방은 뛰어난 능력과 용맹함을 갖춘 한신을 가까이 하였지만 같은 이유로 늘 경계와 감시를 늦추지 않았어요.

어느 날 유방은 한신과 함께 여러 장수의 능력에 대해 이야기를 주고받게 되었어요. 유방은 한신에게 물었어요.

"한신, 자네가 생각할 때 나는 얼마의 군사를 거느릴 수 있겠소?"

겉으로는 대수롭지 않은 척 던진 질문이었지만 사실 유방은 한신의 속내를 떠볼 요량이었어요.

"폐하께서는 10만 정도의 군사를 거느리실 수 있습니다."

"10만이라……. 그러면 그대는 어떠하오?"

그러자 한신은 잠시 생각는가 싶더니 다음과 같이 대답했어요.

"신은 많으면 많을수록 잘 지휘할 수 있습니다."

유방은 한신의 대답이 마음에 들지 않았어요. 자신의 신하인 한신이 스스로 더 많은 군사를 거느릴 자격이 있다고 말하니 슬그머니 비위가 상했던 거예요. 하지만 유방은 애써 태연한 척 웃고는 대화를 이었어요.

"많으면 많을수록 좋다……. 그런데 참으로 이상한 일이 아니오. 그처럼 많은 군사를 거느릴 능력이 있는 그대가 어쩐 일로 10만 명의 군사밖에 거느리지 못하는 내 신하가 되었단 말인가?"

그러자 한신이 웃으며 말했어요.

"폐하, 그것은 얘기가 다릅니다. 폐하께서는 병졸들의 장은 될 수 없으나 장군들의 장이 될 수 있는 분이십니다. 폐하가 거느리는 10만 군사는 병졸들이 아니라 바로 장군들이옵니다. 그리고 신이 많으면 많을수록 잘 지휘할 수 있다고 한 군사는 병졸을 이르는 것이옵니다. 그것이 바로 제가 폐하께 충성하는 까닭입니다. 더구나 폐하의 능력은 하늘이 내리신 것이라 사람의 능력으로는 설명할 수 없는 것입니다."

유방은 재치 있는 한신의 대답에 그를 인정하지 않을 수 없었어요. 이처럼 한신의 '많으면 많을수록 더욱 좋다'는 말에서 나온 말이 '다다익선'이에요.

난봉꾼의 다리 사이를 기어간 한신

중국 한나라의 대장군인 한신은 어린 시절 한 난봉꾼과 싸움이 붙은 적이 있었어요. 난봉꾼은 한신에게 "나를 죽일 용기가 없으면 내 가랑이 밑을 지나가라"며 굴욕을 주었어요. 그런데 한신은 태연히 그의 가랑이 밑을 지나갔어요. 그리고 훗날 큰 인물이 된 그는 "한 사람을 죽인다고 세상에 이름을 날리는 것도 아니다. 나는 큰일을 하기 위해서 작은 모욕을 참았으며 오늘날 한나라의 초왕이 되었다"라고 말했어요. 어떤 큰 목적을 위해서라면 작은 굴욕은 참고 견딜 수 있다는 의미예요.

당랑거철
큰 수레를 막아 버린 무모한 사마귀

2학년 2학기 통합 교과 우리나라 – 우리나라와 이웃 나라
3학년 1학기 과학 3. 동물의 한살이
3학년 2학기 국어 6. 서로의 생각을 나누어요
3학년 2학기 과학 2. 동물의 세계
6학년 1학기 사회 1. 우리 국토의 위치와 영역
6학년 2학기 사회 2. 세계 여러 지역의 자연과 문화

螳	螂	拒	轍
사마귀	사마귀	막을	바큇자국
당	랑	거	철

중국 제나라의 장공이 수레를 타고 사냥을 가던 길이었어요. 그런데 곤충 한 마리가 그 앞을 가로막고 서 있는 것이 보였어요. 맹랑하게도 그 곤충은 두 발을 세워 들고 수레바퀴를 치려는 듯한 자세를 취하고 있었어요. 이에 놀란 장공은 마부에게 수레를 멈추게 하고 물었어요.

"여보게, 잠깐 멈추게."

"무슨 일이십니까?"

"저 앞에 수레를 막고 있는 곤충의 이름이 무엇인가?"

그러자 마부가 대답했어요.

"저놈은 당랑이라는 놈입니다."

'당랑'이란 우리말로 '사마귀'라 불리는 곤충이에요. 사마귀는 먹잇감을 공격할 때 날카로운 두 앞발을 오므리고 조용히 노려봐요. 그러다가 목표가 사정거리 안에 들어오면 순식간에 두 발을 뻗어 잡아먹어요. 그래서 곤충의 세계에서는 무섭고 잔인한 존재로 알려져 있어요.

"당랑이라……. 고놈 참, 작은 곤충 주제에 맹랑하구나."

"예, 자기 힘은 생각하지 않고 모든 상대를 가볍게 보고 달려드는 놈이지요.

하룻강아지 범 무서운 줄 모른다

'하룻강아지 범 무서운 줄 모른다'는 속담은 철모르고 함부로 덤비는 행동을 비유한 거예요. 당랑거철과 비슷한 뜻을 담고 있지요. 여기서 하룻강아지는 태어난 지 얼마 안 된 강아지를 말하고 범은 호랑이를 말해요. 그래서 글자 그대로 풀이하면 작은 강아지가 덩치 큰 호랑이 무서운 줄 모르고 함부로 덤빈다는 뜻이에요. 한마디로 세상 물정 모르고 철없이 함부로 하는 사람을 이르는 속담이에요.

앞으로 나아갈 줄만 알았지 도무지 물러설 줄은 모른다니까요."

마부는 당랑을 비웃듯이 코웃음을 쳤어요.

그러나 장공은 웃지 않았어요. 오히려 그런 당랑의 모습을 감탄스럽게 쳐다보며 말했어요.

"만일 저 당랑이 사람이었다면 틀림없이 천하의 용맹한 장수가 되었을 것이다. 비록 보잘것없는 곤충이지만 그 용기가 가상하니 우리가 수레를 돌려 피해 가도록 하자."

"예, 어르신."

마부는 장공의 명령에 따라 조심스레 수레를 돌려 당랑을 피해 갔어요. '당랑거철'이란 말은 여기서 나온 것으로 '사마귀가 수레바퀴를 막는다'는 뜻이에요. 이처럼 '제힘은 생각하지 않고 강한 상대에게 덤벼드는 무모한 행동'을 비유하는 말로 많이 쓰여요.

대기만성
큰 그릇을 만들려면 오랜 시간이 걸려요

2학년 2학기 통합 교과 우리나라 – 우리나라와 이웃 나라
6학년 1학기 사회 1. 우리 국토의 위치와 영역
6학년 2학기 사회 2. 세계 여러 지역의 자연과 문화

大	器	晚	成
클	그릇	늦을	이룰
대	기	만	성

중국 삼국 시대의 위나라에 최염이라는 장군이 있었어요. 최염은 체격이 아주 좋고 생기기도 잘생겨서 널리 이름이 알려져 있었어요.

그러나 그의 사촌이었던 최림은 체격도 작고 말라 볼품이 없었을 뿐만 아니라 별다른 벼슬에도 오르지 못했어요.

"도대체 넌 왜 그 모양이냐?"

최림의 아버지는 언제나 그를 최염과 비교하며 무시했어요.

"네 사촌 형을 좀 본받아라. 장터에 가서 지나가는 사람을 붙들고 물어봐. 네 사촌 형 최염을 아느냐고 말이야."

"이미 해 봤습니다. 아버지."

"그래, 뭐라 그러더냐?"

"모두 알고 있을 뿐만 아니라 칭찬이 자자했습니다."

"그럼, 너를 아느냐고도 물어봤느냐?"

"저, 그게……."

"뭐라 하더냐?"

"……."

최림은 아버지의 물음에 말문이 막혀 뒤통수만 긁적였어요.

하지만 최림의 사촌 형인 최염은 최림의 인물 됨됨이를 꿰뚫어 봤어요. 그는 최림이 지금은 비록 보잘것없지만 훗날 큰일을 해내리라 믿고 있었어요.

그러던 어느 날 최염이 최림을 만나 말했어요.

"아우야, 네가 지금 사람들에게 무시당한다고 너무 마음 아파하지 마라. 큰 종이나 큰 솥은 쉽게 만들어지는 게 아니란 걸 너도 잘 알고 있지?"

"네, 형님."

"그렇다면 너도 기죽지 말고 열심히 노력해야 하느니라. 무릇 물건뿐만 아니라 큰 인물도 빛을 보기까지는 오랜 시간이 걸리는 게야. 내 볼 때 너는 그런 대기만성을 이룰 인물이다. 두고 봐라, 넌 틀림없이 큰 인물이 되어 이 나라에 도움이 될 것이다."

최염의 말에 최림은 감격하여 말했어요.

"형님께서 그리 말씀해 주시니 힘이 납니다. 저도 공부를 게을리하지 않고 열심히 하여 반드시 뜻을 이룰 것입니다."

과연 최림은 훗날 높은 벼슬에 올라 명성을 떨치게 되었어요. 여기에서 '큰 그릇을 만드는 데에는 시간이 오래 걸린다'는 뜻의 '대기만성'이란 말이 나왔어요. 한마디로 '크게 될 사람은 늦게 이루어진다'는 거예요.

노자와 『도덕경』

대기만성은 『도덕경』에 나오는 말이에요. 어릴 때 뛰어난 재능을 보이지 못하는 아이들이 자라면서 점점 재능을 나타내어 나중에 자기가 원하는 분야에서 큰 성과를 이루었을 때 써요. 노자의 저서로 알려진 『도덕경』의 주된 사상은 자연을 따르고자 하는 데 있으며 도를 바탕으로 삼고 있어요. 도란 만물의 근원으로, 도를 체득한 사람은 성인이라 일컬어요. 또한 『도덕경』은 도가의 경전이자 진리 탐구의 대상으로 오늘날까지 널리 읽히고 있어요.

도외시
중요하지 않아서 무시해요

2학년 2학기 통합 교과 우리나라 – 우리나라와 이웃 나라
5학년 1학기 사회 1. 하나 된 겨레
6학년 1학기 사회 1. 우리 국토의 위치와 영역
6학년 2학기 사회 2. 세계 여러 지역의 자연과 문화

度 外 視
법도 끊을 볼
도 외 시

    중국 전한 때의 일이에요. 왕망이라는 사람이 전한을 무너뜨리고 신나라를 세웠어요. 이때 유방의 후손인 유수가 난을 일으켜 왕망의 신나라를 멸망시키고요. 낙양에 도읍을 정하고 후한을 세워서 광무제가 되었어요.

    그러나 유수에게도 한 가지 고민이 있었어요. 과거 진나라 땅의 외효와 촉나라 땅의 공손술만은 여전히 후한에 대항하는 것이었지요. 대부분의 지역이 정복되었음에도 불구하고 말이예요. 유수의 신하들은 외효와 공손술을 공격하자고 강력하게 주장하였어요.

"외효와 공손술을 그대로 놔두었다가는 곧 큰일이 벌어질 것입니다."

"맞습니다. 외효와 공손술을 쳐부수고 그들의 땅을 우리의 통제 안에 두어야 합니다. 그렇지 않으면 뒷날 큰 화를 입을 것이 분명합니다."

그러나 유수는 오랜 전투로 군사들이 매우 지쳐 있다는 것을 잘 알고 있었어요. 그렇기 때문에 자칫 무모하게 전쟁을 벌였다가는 크게 패할 수도 있는 상황이었어요.

유수는 신하들에게 말했어요.

"외효와 공손술이 아직 항복하지 않았지만 이미 중원은 우리 손에 들어왔소. 그러니 일단은 그들을 문제 삼을 필요 없소."

반갑지 않은 손님과 반가운 손님

백안이란 눈알의 흰자위를 말하고 청안이란 푸른 눈을 말해요. 백안시는 다른 사람을 흘겨볼 때 눈의 흰자위가 많이 보이는 것을 의미해요. 그래서 '남을 업신여기거나 냉대하여 흘겨보다'라는 뜻으로 쓰여요. 반대로 청안시는 남을 따뜻하고 친밀한 마음으로 바라보는 것을 말해요. 백안시와 청안시는 죽림칠현의 한 사람인 완적이 반갑지 않은 손님은 백안으로 대하고, 반가운 손님은 청안으로 대한 데에서 나왔어요.

신하들은 느긋해 보이는 유수의 태도가 탐탁지 않았지요. 하지만 황제가 무서워 더 이상 반대의 목소리를 내지는 못했어요.

얼마간의 시간이 흘러 후한의 군대는 기력을 회복했어요. 그리고 유수의 예상대로 외효와 공손술의 세력은 더 커지지 않았지요. 오히려 외효가 죽고 난 후 남은 세력은 스스로 후한에 항복해 왔어요.

'잠시 시간을 버는 사이에 우리 군대는 충분히 휴식을 취했고 더욱 막강해졌다. 이제 공손술을 쳐부술 때가 온 것 같구나.'

유수는 드디어 직접 군사를 이끌고 전쟁터로 나갔어요. 그리고 촉의 땅까지 자신의 세력 아래 두게 되었어요. 이처럼 '도외시'는 '중요하지 않기 때문에 크게 문제 삼지 않는다 또는 무시하다'라는 뜻으로 사용하고 있어요.

독서백편의자현

어려운 책도 여러 번 읽으면 저절로 이해돼요

2학년 2학기 통합 교과 우리나라 – 우리나라와 이웃 나라
5학년 1학기 사회 1. 하나 된 겨레
6학년 1학기 사회 1. 우리 국토의 위치와 영역
6학년 2학기 사회 2. 세계 여러 지역의 자연과 문화
6학년 2학기 도덕 10. 참되고 숭고한 사랑

讀	書	百	遍	義	自	見
읽을	책	일백	횟수	뜻	스스로	나타날
독	서	편	백	의	자	현

중국 후한의 마지막 황제인 헌제 때 일이에요. 당시 한나라에는 동우라는 선비가 있었어요. 그는 성품이 점잖고 지혜롭기로 유명했지요. 또한 글 읽기를 특히 좋아하여 어디를 가든 항상 책을 들고 다닐 정도였어요.

동우의 명성은 마침내 헌제의 귀에까지 들어갔어요. 헌제는 친히 동우를 궁으로 불러들였어요. 그리고 그를 황제의 글공부를 돕는 높은 벼슬에 임명하였어요.

그러나 동우는 자만하는 법 없이 스스로에게 매우 엄격하며 공부를 게을리하지 않았어요. 또한 제자들에게도 항상 학문에 최선을 다하도록 권하였어요.

그러던 어느 날이었어요. 그의 제자 여럿이 동우를 찾아와 물었어요.

"스승님, 저희는 같은 책을 벌써 열 번이나 읽었는데도 무슨 뜻인지 이해할 수가 없습니다. 이럴 때에는 어찌해야 합니까?"

동우는 제자에게 부드러운 미소를 보이며 말했어요.

"책을 열 번밖에 읽지 않고서 그 뜻을 알아차리기 바라느냐?"

스승의 말에 제자들은 눈이 휘둥그레져 되물었어요.

"예? 열 번밖에라니요? 스승님, 그럼 몇 번이나 읽어야 책 속에 담긴 진리를 꿰뚫을 수 있단 말입니까?"

"반드시 책은 백 번을 읽어라. 책을 백 번 읽으면 뜻이 저절로 드러나는 법이니라."

그렇지만 동우의 말에도 제자들의 얼굴에 어린 근심은 사라지지 않았어요.

"하지만 스승님, 책을 백 번이나 읽으려면 엄청난 시간이 걸리지 않습니까?"

"공부하기 좋은 여유로운 세 가지 때를 삼여라고 이른다. 시간이 없다면 이 세 때를 잘 이용하여 책을 읽으면 될 것이다."

"그 삼여는 어느 때입니까?"

"삼여란 겨울, 밤 그리고 비가 올 때를 이르는 것이니라."

동우의 조언을 새겨들은 제자들은 그제야 스스로의 부족함을 깨닫고 학문에 더욱 매진하게 되었어요. 또한 이때부터 '책을 여러 번 반복해서 읽으면 뜻이 저절로 드러난다'는 '독서백편의자현'이라는 말이 생겼어요. 또 후대 사람들의 학습에도 중요한 영향을 미쳤어요. 그래서 옛날 우리 선조들 역시 그날 배운 내용은 꼭 백 번씩 다시 읽어 완전히 외운 뒤에야 하루의 공부를 마쳤다고 해요.

죽간 끈이 세 번 끊어질 만큼 읽는 위편삼절

종이가 발명되기 전에는 대나무로 만든 죽간에 글을 새겼어요. 그리고 끈으로 묶어서 종이 책 대신 사용하였어요. 공자는 책을 하도 많이 읽어서 그것을 엮어 놓은 끈이 세 번이나 끊어졌다고 해요. 위편삼절은 바로 여기서 나온 것으로 한 권의 책을 몇십 번이나 되풀이하여 읽음을 비유하는 말이에요. 독서백편의자현과 비슷한 뜻을 가지고 있지요.

韋	編	三	絶
가죽	엮을	석	끊을
위	편	삼	절

동쪽에서 밥 먹고 서쪽에서 잠자요

2학년 2학기 통합 교과 우리나라 – 우리나라와 이웃 나라
6학년 1학기 사회 1. 우리 국토의 위치와 영역
6학년 2학기 사회 2. 세계 여러 지역의 자연과 문화

東	家	食	西	家	宿
동녘	집	먹을	서녘	가	잘
동	가	식	서	가	숙

중국 제나라에 한 처녀가 살고 있었어요. 혼기가 찬 처녀의 가족은 마땅한 신랑감을 물색하고 있었어요.

그러던 어느 날 처녀에게 두 집에서 동시에 청혼이 들어왔어요. 처녀의 부모는 고민스러웠어요.

"동쪽 집의 총각은 인물은 볼 것이 없으나 부잣집 아들이고, 서쪽 집의 총각은 인물은 뛰어나지만 집안이 매우 가난하니……."

"사내에게 인물이 뭐가 그리 중요하겠소. 내 생각에는 우리 딸을 동쪽 집으로 시집보내는 것이 좋을 듯하오. 그 집안은 소문난 부자이니 평생 먹고사는 데는 걱정이 없을 것 아니오?"

처녀의 아버지는 동쪽 집 총각에게로 마음이 기울었어요.

"그게 무슨 소립니까? 듣기로 서쪽 집의 총각은 인물이 아주 뛰어나다고 하더군요. 부부라면 평생 얼굴을 마주하고 살아야 하는데 영감은 어찌 그 생각을 하지 않으시오."

처녀의 어머니는 서쪽 총각이 마음에 들었어요.

짐을 싸 들고 이리저리 떠도는 남부여대

남자는 등에, 여자는 머리에 짐을 인다는 뜻을 담고 있는 남부여대는 가난한 사람들이 살 곳을 찾아 이리저리 떠돌아다님을 의미해요. 여기서 부(負) 자는 짐을 등에 진다는 뜻이고, 대(戴) 자는 짐을 머리에 인다는 뜻이에요. 즉 마땅한 거처를 찾아 짐을 이고 지고 안쓰럽게 돌아다니는 모습을 비유한 거예요. 또한 아침에는 북방의 진나라에서, 저녁에는 남방의 초나라에서 거처한다는 뜻의 조진모초 혹은 정처 없이 떠돌아다니며 빌어먹는다는 의미의 유리걸식도 비슷한 성어 중 하나예요.

男	負	女	戴
사내	질	계집	일
남	부	여	대

결국 결정을 내리지 못한 처녀의 부모는 당사자인 딸을 불러 직접 생각을 물어보기로 했어요.

"여기 두 집안에서 네게 청혼이 들어왔다. 그러나 우리는 어느 한쪽으로 정하기가 쉽지 않구나. 네 뜻은 어떠하냐? 만일 동쪽 집으로 시집가고 싶으면 오른손을 들고 서쪽 집으로 시집가고 싶으면 왼손을 들어라."

그러자 처녀는 망설이지도 않고 두 손을 번쩍 들었어요. 깜짝 놀란 부모가 이유를 묻자 다음과 같이 대답하였답니다.

"왜 꼭 하나만 선택해야 하나요? 밥은 동쪽 집에서 먹고 잠은 서쪽 집에서 자면 되잖아요."

여기에서 '동쪽 집에서 먹고 서쪽 집에서 잔다'는 '동가식서가숙'이라는 말이 나왔어요. 그리고 오늘날 이 말은 '일정한 거처 없이 떠돌아다니며 지내는 것'을 이르기도 하고 욕심 많은 사람을 비유하여 이르기도 해요.

동병상련
같은 병이 있으면 서로 가엾게 여겨요

2학년 2학기 통합 교과 우리나라 – 우리나라와 이웃 나라
3학년 2학기 국어 6. 서로의 생각을 나누어요
6학년 1학기 사회 1. 우리 국토의 위치와 영역
6학년 2학기 사회 2. 세계 여러 지역의 자연과 문화

同	病	相	憐
같을	병들	서로	가엾이 여길
동	병	상	련

중국 전국 시대 초나라의 사람 오자서는 비무기라는 사람에게 억울한 모함을 받았어요. 관직에서 쫓겨나고 가족을 잃었지요. 그래서 그는 고향을 떠나서 합려를 도왔어요. 그리고 오나라 왕을 죽이고 합려를 오나라의 왕위에 올리는 데 큰 공을 세웠어요. 오나라 왕이 된 합려는 오자서에게 높은 벼슬을 주었어요.

오자서가 높은 벼슬에 오른 그해의 일이에요. 오자서처럼 초나라 비무기에게 모함을 받고 오나라로 쫓겨 온 사람이 있었어요. 그는 백비라는 사람으로 그 또한 억울한 누명으로 가족을 잃었어요. 오자서는 그런 백비를 합려에게 천거하여 그 역시 높은 벼슬에 오르게 했어요.

이 소식을 들은 피리라는 사람은 이런 오자서를 못마땅하게 여겼어요.

"백비의 눈길은 매와 같고 걸음걸이는 호랑이와 같아서 필시 사람을 해칠 상이오. 공께서는 어찌 그런 인물을 왕께 천거하였소?"

그러자 오자서가 대답했어요.

"특별한 까닭은 없소이다. 옛말에도 같은 병을 앓는 사람끼리는 서로 가엾이 여기고, 같은 근심을 가진 사람끼리는 서로 구해 준다는 말이 있잖소."

"그게 무슨 뜻이오?"

피리가 의아한 듯 묻자 오자서가 말을 이었어요.

"나는 초나라에서 억울하게 모함을 받았소. 그 때문에 태자의 스승이었던 아버지와 관리였던 형을 잃고 오나라로 피신해 왔소이다. 백비 또한 초나라에서 모함을 받아 피붙이를 잃고 오나라로 쫓겨 왔으니 나와 비슷한 고통을 겪지 않았겠소? 그러니 처지가 같은 백비를 돕는 것은 당연하다 생각했을 뿐이오."

"……"

피리는 그만 입을 다물었어요. 지난날의 자신과 같은 고통을 겪는 이를 감싸 주고자 하는 오자서의 뜻을 깨닫자 더 이상 아무 말도 할 수 없었던 거예요. 피리는 여전히 백비의 존재를 불길하다 여겼지만 오자서를 생각하여 더 이상 반대하지 않았어요.

그로부터 9년 후에 합려는 초나라를 공격하여 크게 승리하였어요. 오자서는 직접 초나라의 수도로 달려가 초나라 평왕의 무덤을 파헤쳤어요. 그러고는 시체를 꺼내어 300대나 매질함으로써 가슴에 겹겹이 쌓인 원한을 씻었어요. 그러나 훗날 오자서는 피리의 예상대로 월나라와 손을 잡은 백비의 모함에 빠져 억울한 죽음을 맞이하였어요. 이처럼 '같은 병을 앓는 사람끼리 서로 가엾게 여긴다'는 뜻의 '동병상련'은 오늘날 '어려운 처지에 있는 사람끼리 서로 가엾게 여기고 잘 이해해 준다'는 것을 비유하게 되었어요.

과부 사정은 홀아비가 안다

동병상련과 비슷한 우리 속담으로는 '과부 사정은 홀아비가 안다'는 말이 있어요. 과부란 남편을 잃고 혼자 사는 여자를 뜻하고, 홀아비란 아내를 잃고 혼자 사는 사내를 뜻해요. 과부와 홀아비는 같은 아픔을 가지고 있기 때문에 서로의 속마음을 더 잘 이해할 수 있어요. 결국 남의 곤란한 처지는 직접 그 일을 당해 보았거나 그와 비슷한 처지에 놓여 있는 사람이 잘 알 수 있다는 말이에요.

등용문
물고기가 용이 되는 곳, 출세의 관문

2학년 2학기 통합 교과 우리나라 – 우리나라와 이웃 나라
5학년 1학기 사회 1. 하나 된 겨레
5학년 1학기 사회 2. 다양한 문화를 꽃피운 고려
6학년 1학기 사회 1. 우리 국토의 위치와 영역
6학년 2학기 사회 2. 세계 여러 지역의 자연과 문화

登	龍	門
오를	용	문
등	**용**	**문**

중국 후한 말 환제 때는 환관이 권세를 좌지우지했어요. '환관'이란 거세한 남자로 궁중에서 황제를 받드는 사람이에요. 하지만 이러한 환관에게 저항하는 관리들이 있었는데요. 그중 대표적인 인물이 바로 이응이었어요. 이응은 늘 몸가짐이 고결하고 흐트러짐이 없어 세상 사람들의 칭송을 받았어요.

"하늘 아래 이응처럼 모범적인 인물이 또 있을까?"

"이 세상에 그런 사람은 또 없을 걸세."

특히 젊은 관료들이 이응을 존경했어요. 그의 추천으로 관직에 오르는 것을 '등용문'이라 일컬을 정도였지요. 여기서 '용문'은 황허 강 상류에 있는 계곡을 말해요. 용문 근처에는 아주 급히 흐르는 폭포가 있는데요. 그 밑에는 큰 물고기가 셀 수 없이 많았어요. 하지만 물살이 너무 세서 폭포 위로 오르기가 무척 어려웠어요. 대신 한 번 오르기만 하면 그 물고기는 용이 된다는 전설이 내려오고 있었어요. 그래서 '용문에 오른다'고 하여 '등용문'이라고 했어요.

후에 이 '등용문'이라는 말은 관리들이 시험해 합격해 벼슬에 오르는 경우를 일컫기도 했고요. '어려운 관문'이나 '어려운 관문을 통과해 크게 출세한 것'을 일컫는 말도 되었어요.

가장 뛰어나서 압권

옛날 최고의 출세를 위해서는 과거라는 등용문을 통과해야 했어요. 압권은 여러 책이나 작품 가운데 제일 잘된 책이나 작품을 이르는 말이에요. 압권의 압(壓) 자는 누르다라는 뜻이 있어요. 과거를 치르고 나면 가장 훌륭한 답안지를 따로 꺼내 다른 답안지 위에 올려놓았어요. 그래서 가장 훌륭한 답안지는 다른 답안지를 내리누르는 모양이 되었기 때문에 압권이라는 말을 쓰게 된 거예요.

壓	卷
누를	책
압	권

아들의 교육을 위해 이사한 맹자 어머니

맹모삼천지교

2학년 2학기 통합 교과 우리나라 – 우리나라와 이웃 나라
3학년 2학기 사회 3. 다양한 삶의 모습
5학년 1학기 사회 3. 유교 전통이 자리 잡은 조선
6학년 1학기 사회 1. 우리 국토의 위치와 영역
6학년 2학기 사회 2. 세계 여러 지역의 자연과 문화

孟	母	三	遷	之	敎
성씨	어머니	석	옮길	~한	가르칠
맹	모	삼	천	지	교

맹자는 아버지가 일찍 돌아가신 탓에 홀어머니가 맹자를 길렀어요. 그러던 어느 날이었어요.

"아이고, 아이고."

어린 맹자는 집에 돌아와서 곡하는 시늉을 하며 놀고 있었어요. 맹자의 어머니는 아들의 그런 모습을 보고 깜짝 놀라 맹자를 크게 꾸짖었어요.

"멀쩡히 살아 있는 어미를 두고 곡을 하다니, 지금 이게 뭐하는 짓이냐?"

그러자 맹자가 변명하듯 말했어요.

"집 밖에 나가면 남자 여자 할 것 없이 모두 '아이고'를 외치며 다닙니다. 그리하여 저도 따라 한 것인데 무엇이 잘못인지요?"

당시에 맹자가 살았던 집은 공동묘지 근처에 자리하고 있었어요. 그렇기 때문에 맹자는 늘 사람들이 절하고 곡하는 모습만 보아 왔어요. 어린 맹자의 입장

베틀의 베를 끊은 단기지계와 맹자 어머니

학문을 위해 고향을 떠났던 맹자가 어느 날 어머니를 뵈러 돌아왔어요. 그러나 어머니는 기뻐하기는커녕 아들에게 "학문은 다 마쳤느냐"고 물었어요. 맹자는 "아직 마치지는 못하였습니다" 하고 대답했어요. 이에 맹자의 어머니는 베틀에 놓여 있던 베를 싹둑 자르며 말했어요. "학문을 중도에 그만두면 짜던 베를 중간에 자르는 것과 똑같다. 돌아가거라." 여기서 단기지계란 말이 나왔어요. 단기지계란 베틀 위의 베를 끊어 경계하다란 뜻으로 학문에 있어 게으름을 경계하라는 말이에요. 맹자는 어머니의 말에 크게 반성하고 그 길로 돌아갔어요. 그리고 학문에 열중하여 나중에 훌륭한 인물이 되었어요. 마치 조선 최고의 명필 한석봉과 같은 일화지요.

斷	機	之	戒
끊을	틀	~의	경계할
단	기	지	계

에서는 날이면 날마다 마주하는 풍경이었지요. 그래서 별생각 없이 따라 했던 거예요.

맹자의 어머니는 맹자가 한 말에 크나큰 충격을 받았어요. 그리고 이렇게 생각했어요.

'이곳은 아이와 함께 살 곳이 못 된다. 어서 집을 옮겨야겠구나.'

그리하여 맹자의 어머니는 시장 근처로 이사를 갔어요. 그러자 맹자는 이번엔 장사꾼들이 물건을 사고파는 모습을 흉내 내기 시작했어요.

"골라요, 골라. 싸게 드립니다!"

글은 한 자도 읽지 않고 장사꾼들의 말만 외고 다니는 맹자를 보자 어머니는 한숨이 절로 나왔어요. 그리고 다시 한 번 생각했어요.

'이곳도 아이가 살 만한 곳이 못 되는구나. 다른 곳으로 집을 옮기자.'

맹자의 어머니가 세 번째 이사한 곳은 서당 근처였어요. 글을 가르치는 서당에서는 언제나 책 읽는 소리가 들려왔지요.

아니나 다를까 이제는 맹자가 서당에 다니는 학동들을 따라 자신도 책을 들고 다니기 시작했어요. 또 웅얼웅얼 책 읽는 시늉을 하였지요. 그러자 맹자의 어머니는 크게 기뻐하며 이곳이야말로 바로 아이와 함께 살 곳이라고 판단했어요. 결국 맹자와 맹자의 어머니는 더 이상 집을 옮기는 일 없이 오래도록 그곳에 머물러 살았답니다.

훗날 맹자는 공자의 학문과 사상을 계승하며 세상에 이름을 널리 알렸어요. 맹자가 그렇듯 큰 인물이 될 수 있었던 것은 자식의 교육에 온 힘을 쏟았던 훌륭한 어머니가 있었기 때문이에요. '맹모삼천지교'란 '맹자의 어머니가 아들 맹자의 교육을 위해 이사를 세 번이나 했다'는 의미예요. 교육에 대한 부모의 역할을 말할 때 자주 쓰고 있어요.

 수많은 학자와 사상을 일컫는 제자백가

제자란 여러 학자라는 뜻이고, 백가란 수많은 이론과 사상의 학파를 의미해요. 제자백가란 중국 춘추 전국 시대의 학자와 학파를 모두 일컫는 말이에요. 우리가 잘 알고 있는 공자, 노자, 맹자, 장자 등도 춘추 전국 시대 사람으로 모두 이에 포함돼요. 이들은 여러 나라를 돌아다니며 자신의 사상과 학문을 자유로이 펼쳐 세상을 이롭게 하려고 했어요.

"오순"

말이나 행동의 앞뒤가 맞지 않아요

2학년 2학기 통합 교과 우리나라 – 우리나라와 이웃 나라
6학년 1학기 사회 1. 우리 국토의 위치와 영역
6학년 2학기 사회 2. 세계 여러 지역의 자연과 문화

矛 盾
창 방패
모 순

중국 전국 시대에 초나라에서 있었던 일이에요. 한 장사꾼이 거리에서 창과 방패를 팔고 있었어요.

"자, 여기 이 창을 보십시오. 이 세상 어디에서도 보지 못한 최고의 창이 바로 여기에 있습니다."

장사꾼의 말에 사람들이 하나둘 그의 곁으로 몰려들기 시작했어요. 햇빛을 받아 번쩍이는 창은 과연 장사꾼의 말대로 아주 훌륭해 보였어요.

"정말 이 창이 최고의 창이오?"

127

"그럼요. 어찌나 날카롭고 튼튼한지 천하에 어떤 방패든 꿰뚫지 못하는 법이 없다니까요."

사람들이 고개를 끄덕이자 장사꾼은 더욱 신이 났어요. 그래서 이번엔 방패를 들어 보이며 말했어요.

"자, 이 방패로 말할 것 같으면 어떤 창도 이 방패는 뚫지 못합니다. 얼마나 견고하고 튼튼한지 모릅니다."

"정말 이 방패가 그렇게 단단합니까?"

사람들의 질문에 장사꾼은 자신만만한 웃음을 지으며 대답했어요.

"그럼요. 그 어디에도 이 방패를 뚫을 수 있는 것은 없을 겁니다. 제가 장담하지요!"

그때였어요. 구경하던 사람들 속에서 한 사내가 고개를 갸웃거리며 말했어요.

"당신 참 이상한 소리를 하시는구려."

장사꾼은 당황한 얼굴로 되물었어요.

"무엇이 그렇게 이상하단 말이오? 한번 말씀해 보시오."

그러자 사내는 장사꾼이 들고 있는 창과 방패를 가리켰어요.

"생각해 보시오. 무엇이든 다 뚫을 수 있는 창과 무엇이든 다 막아 낼 수 있는 방패라니요. 그럼 당신의 창으로 당신의 방패를 찌르면 어떻게 되는 거요?"

장사꾼의 입은 갑자기 꿀 먹은 벙어리가 되었어요.

"이보시오! 어디 한번 대답해 보시오. 저 창과 방패를 들고 싸우면 어느 쪽이 이긴단 말이오?"

"아무리 물건을 파는 장사꾼이지만 앞뒤가 안 맞는 거짓말을 하면 쓰나!"

여기저기서 장사꾼을 향한 비난의 목소리가 들려왔어요. 장사꾼은 얼굴이 빨갛게 달아올라 더 이상 버티지 못하고 급히 짐을 챙겨 사라졌어요. 여기에서 나온 '창과 방패'라는 뜻의 '모순'은 '말이나 행동의 앞뒤가 서로 어긋나 맞지 않다'는 뜻으로 쓰이게 되었어요.

자가당착에 빠지다

모순과 비슷한 말로 자가당착이 있어요. 자가당착이란 스스로 부딪히기도 하고 스스로 붙기도 한다는 뜻이에요. 곧 한 사람의 말이나 행동이 서로 앞뒤가 맞지 않는 것을 말해요. 자가당착을 다른 말로 바꾸면 자기모순이라고 할 수 있어요. 우리는 어떤 일이나 말을 할 때 이렇게 앞뒤가 맞지 않는 것을 두고 자가당착에 빠진다라고 표현하는 경우가 많아요.

自	家	撞	着
스스로	집	칠	붙을
자	가	당	착

배운 게 없어서 아는 글자가 없어요

2학년 2학기 통합 교과 우리나라 – 우리나라와 이웃 나라
3학년 2학기 국어 6. 서로의 생각을 나누어요
5학년 1학기 사회 1. 하나 된 겨레
6학년 1학기 사회 1. 우리 국토의 위치와 영역
6학년 2학기 사회 2. 세계 여러 지역의 자연과 문화

目	不	識	丁
눈	아니	알	고무래
목	불	식	정

중국 당나라에 장홍정이라는 사람이 살았어요. 그는 배운 것도 많지 않고 능력도 없었어요. 그런 데다 철없이 자라 태도가 거만하고 공손하지 못했어요. 하지만 장홍정의 아버지가 나라에 공을 세운 사람이라 그 덕으로 벼슬에 오를 수 있었어요.

"저렇게 한심하고 방자한 인물이 어찌 벼슬에 올라 백성을 다스릴 수 있단 말인가. 참으로 말세로다."

사람들은 장홍정을 두고 흉을 보았지요. 하지만 정작 장홍정은 그런 것을 아는지 모르는지 아랑곳하지 않았어요. 그런 장홍정이 지방을 다스리는 벼슬에 오르자 이제는 한가하게 놀기에 바빴어요. 그뿐만 아니라 주위 사람들을 괴롭혀 댔어요.

한번은 그의 못된 심보를 참다못한 부하 한 명이 나서서 옳은 말을 하였어요. 하지만 그는 반성은커녕 오히려 화를 내면서 이렇게 소리쳤지요.

"고무래 정(丁) 자를 보고도 고무래인 줄도 모르는 무식한 놈! 감히 누구에게 충고를 하는 게야!"

'고무래'란 '정(丁)' 자 모양의 농기구예요. 곡식을 그러모으고 펴거나 밭의 흙을 고르는 데 써요. 아무리 쉬운 글자를 봐도 그것의 뜻을 모르는 까막눈이라

낫 놓고 기역 자도 모른다

목불식정과 비슷한 뜻의 우리 속담에 '낫 놓고 기역 자도 모른다'라는 것이 있어요. '낫'이란 곡식, 나무, 풀 따위를 베는 데 쓰는 농기구를 가리켜요. 이것은 쇠붙이를 'ㄱ'자 모양으로 만들어 안쪽으로 날을 내고요. 뒤쪽 끝에 나무 자루를 박아 만들어요. 이 모양이 딱 'ㄱ'자를 닮았어요. 그러니 'ㄱ'자인 낫을 보고도 기역 자를 모른다고 하면 정말 무식한 거예요. 글자를 한 자도 모른다라는 뜻의 일자무식도 이와 비슷하게 사용돼요.

는 뜻이었어요.

장홍정의 횡포에 크게 분노한 부하들은 결국 반란을 일으켰어요. 그리고 장홍정을 잡아 옥에 가두었어요. 이 소식을 전해 들은 황제는 장홍정의 직책을 박탈하고 이렇게 말했어요.

"그놈이야말로 목불식정이로구나."

'배움이 없는 무지한 행동이나 사람'을 가리키는 '목불식정'은 바로 이 이야기에서 나온 말이에요.

복숭아꽃이 아름답게 핀 낙원

무릉도원

2학년 2학기 통합 교과 우리나라 – 우리나라와 이웃 나라
6학년 1학기 사회 1. 우리 국토의 위치와 영역
6학년 2학기 사회 2. 세계 여러 지역의 자연과 문화

武	陵	桃	源
호반	언덕	복숭아	근원
무	**릉**	**도**	**원**

중국 진나라 때였어요. 무릉 지방의 한 어부가 고기를 잡으려고 강을 따라 올라가다가 길을 잃었어요. 주위를 한참 돌아다니던 그는 복숭아꽃이 물 위로 살랑살랑 떠내려오는 것을 보았어요. 달콤한 향기에 이끌려 끝까지 가 보기로 한 어부는 이윽고 복숭아나무가 가득한 숲에 다다랐어요. 숲의 끝에는 계곡이 있었는데요. 그 밑으로 작은 동굴이 나 있었어요. 동굴에서 희미한 빛이 새어 나오자 궁금해진 어부는 동굴을 향해 걸어 들어갔어요.

그러자 이번엔 난데없이 너른 땅과 논밭에서 평화롭게 일하고 있는 사람들이 보이기 시작했어요. 사람들은 어부를 웃는 얼굴로 환영해 주었어요.

"우리 조상들이 진나라의 난리를 피해 이곳에 들어온 후 한 번도 세상에 나가 보지 않았습니다. 지금 세상은 어떻습니까?"

이곳 땅이 하도 살기 좋아 이들은 아무런 걱정 없이 살아가고 있었어요. 그래서 많은 세월이 지난 줄도 몰랐어요. 어부는 사나흘 동안 그곳에 머물며 성대한 대접을 받았어요. 그리고 마침내 돌아갈 시간이 되었어요.

마을 사람들은 어부를 배웅하며 이렇게 말했어요.

"바깥세상에 돌아가시거든 누구에게든지 이곳에 대해 말하지 마십시오. 부탁드립니다."

어부는 마을 사람에게 그리하겠노라 대답하고는 바깥세상을 향해 발걸음을 돌렸어요. 그러나 어부는 마음속 깊이 아쉬움을 떨칠 수가 없었어요. 지난 며칠 동안 마을 사람들과 함께했던 즐거운 시간들이 자꾸만 생각났던 거예요.

그래서 어부는 마을 사람들과의 약속을 어기고 돌아오는 길 곳곳에 다시 찾아올 수 있도록 표지를 해 두었어요. 그리고 도착하자마자 고을의 원님을 찾아가 그동안 겪은 일을 모두 고해바쳤어요.

"복숭아나무가 가득한 숲이라······. 이 주변에 그런 마을이 있었단 말이냐?"

"예. 제가 직접 그 마을을 다녀왔습니다. 또한 그 마을의 사람들은 속세의 사정을 아무것도 모르고 있었습니다. 그러나 모두의 얼굴만은 웃음과 여유가 가득했으며 고통도 슬픔도 없는 듯 보였습니다."

어부의 말을 들은 원님은 자신도 그 마을에 가 보고 싶어졌어요. 그래서 어부의 안내를 받아 그곳으로 향했어요. 하지만 어부가 돌아오는 길에 해 놓은 표지는 모두 사라졌고요. 복숭아 향이 감돌던 마을은 결국 찾을 수 없었어요. 이곳을 '무릉도원'이라고 부르는데요. 이것은 동진 때의 시인 도연명의 『도화원기』에 나오는 말이에요. 무릉도원은 '이 세상에 없는 별천지 혹은 이상향'이라는 뜻으로 쓰여요. '이상향'은 사람이 생각할 수 있는 최상의 완전한 사회를 말해요.

무릉도원과 유토피아

동양에서 이상향을 무릉도원이라고 한다면 영어권에서는 '유토피아'라고 표현해요. 이는 토머스 모어가 1516년에 펴낸 책 『유토피아』의 제목이에요. 유토피아란 어느 곳에도 없는 장소라는 의미예요. 그는 이 책에서 사회에 어울리지 않는 엄격한 법률, 자신은 아무것도 하지 않고 남의 노동으로 살아가는 귀족, 전쟁을 좋아하는 군주, 악덕 지주 및 사유 재산 제도 등 당시 영국 사회의 부패를 비판했어요. 그리고 자신이 상상하는 이상 국가를 그려 냈어요. 이때부터 토머스 모어의 책 제목이었던 『유토피아』는 동양의 이상향인 무릉도원과 같은 의미의 말로 널리 쓰이게 되었어요.

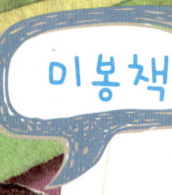

미봉책
임시방편으로 잠깐 눈가림해요

2학년 2학기 통합 교과 우리나라 – 우리나라와 이웃 나라
6학년 1학기 사회 1. 우리 국토의 위치와 영역
6학년 2학기 사회 2. 세계 여러 지역의 자연과 문화
6학년 2학기 도덕 10. 참되고 숭고한 사랑

彌	縫	策
기울	꿰맬	꾀
미	**봉**	**책**

    중국 춘추 시대에 주나라 환왕과 정나라 장공이 충돌했을 때의 일이에요. 당시 정나라의 장공이 점점 힘을 키워 가자 주나라의 환왕은 그런 장공을 경계하였지요. 그래서 정나라를 쳐부수고 쇠약해진 주나라를 다시 일으켜 세우고자 하였어요.

    이에 환왕은 괵·채·위·진나라 등 여러 나라 군대의 힘을 모아 정나라를 공격할 계획을 세웠어요. 그는 괵나라 왕을 우군의 장수로 삼아 채나라와 위나라 군사를 이끌게 하였고요. 진나라 흑견을 좌군의 장수로 삼아 군사를 통솔하게 하였어요.

　한편 장공은 환왕의 공격에 맞서기 위해 신하들을 불러 모았어요. 이때 장공의 신하 중 전략가인 원이라는 사람이 장공에게 말했어요.

　"좌군의 진나라 군사는 국내 정세가 어지러워 사기가 떨어져 있습니다. 따라서 우리가 먼저 그들을 공격하면 반드시 패해 달아날 것입니다."

　장공이 물었지요.

　"그럼 괵나라 왕이 이끄는 우군은 어찌하느냐?"

　"일단 좌군이 무너지면 환왕의 군대 전체에 혼란이 올 겁니다. 그렇게 되면 괵공이 이끄는 우군도 지탱하지 못하고 도망갈 테지요. 그때 우리 쪽에서 더욱 매섭게 몰아붙인다면 반드시 승리할 것입니다."

　장공은 원의 의견에 따라 전차를 맨 앞에 세워 적진으로 나아갔어요. 이때 전차와 전차 사이의 틈은 병사들로 메웠어요.

　원의 전략은 정확히 맞아떨어졌어요. 환왕의 연합군은 장공의 군대에 힘없이 무너져 내렸어요. 그러나 환왕은 어깨에 화살을 맞고도 물러서지 않고 자리를 지켰어요. 신하들은 장공에게 환왕을 붙잡아 오자고 주장하였어요. 그러나 장공은 이렇게 말했어요.

　"군자는 약한 자를 끝까지 공격해서 이기려 들어서는 안 된다. 본래 목적이 우리나라를 지키는 것에 있었으니 이것으로 족하다."

그날 밤 장공은 군사들에게 철수 명령을 내렸고요. 환왕은 비참한 최후를 피할 수 있었어요. 그리고 이로써 장공의 이름은 널리 알려졌고 그가 펼쳤던 전략도 역사에 전하게 되었어요. 원래 '미봉책'이란 모자라는 부분을 보충하는 빈틈없는 전투 준비를 말했어요. 하지만 오늘날에는 그 뜻이 변해 '결점이나 실패가 들키지 않도록 눈가림만 하는 임시 계책'이라는 뜻으로 쓰이게 되었어요.

인격자 군자와 비인격자 소인

군자와 소인은 공자의 『논어』에 나오는 말이에요. 이 둘을 구분하자면 다음과 같아요. '군자는 의리에 밝으나 소인은 이해에 밝다. 군자는 어느 경우나 태연자약한데 소인은 언제나 근심 걱정으로 지낸다. 군자는 태연하고 교만하지 않으나 소인은 교만하고 태연하지 못하다. 군자는 스스로 구하고 소인은 남에게서 구한다. 군자는 자신의 무능을 괴롭게 여기고 남이 자신을 알아주지 않는 것을 괴롭게 여기지 않는다.' 한마디로 군자는 인격자를 말하고요. 소인은 비인격자를 말하는 것이겠지요. 자신은 어디에 속하는지 한번쯤 생각해 볼 필요가 있을 것 같아요.

미생지신
융통성 없이 약속만 굳게 지키는 것

2학년 2학기 통합 교과 우리나라 – 우리나라와 이웃 나라
5학년 2학기 체육 1. 건강 활동
6학년 1학기 사회 1. 우리 국토의 위치와 영역
6학년 2학기 사회 2. 세계 여러 지역의 자연과 문화

尾	生	之	信
꼬리	날	~의	믿을
미	생	지	신

중국의 노나라에 사는 미생은 글만 읽어 세상일에 서투른 선비였어요. 하지만 약속을 잘 지키기로 유명하였어요. 이런 미생에게 몰래 짝사랑하는 여인이 있었어요. 그는 밤마다 그 여인의 생각으로 잠을 이루지 못할 지경이었어요. 또 어쩌다 마주치기라도 하는 날에는 가슴이 터질 듯 두근거렸어요.

어느 날 그렇게 혼자서 가슴앓이를 하던 미생은 마침내 용기를 내어 여인에게 말을 걸었어요.

"안녕하시오? 나는 미생이라 하오. 다름이 아니라 아름다운 그대의 모습에

반하여 이렇게 말을 걸게 되었소."

"어머, 그게 무슨 말씀이신지요? 저는 볼일이 있어 빨리 가 봐야 해요."

여인은 미생의 갑작스러운 출현에 당황하여 얼굴을 붉혔어요. 그리고 발걸음을 재촉했어요. 미생은 안타까운 마음이 들었어요. 그래서 여인의 등에 대고 이렇게 외쳤어요.

"당신에게 꼭 할 말이 있소이다. 한 번만 나를 만나 주면 안 되겠소?"

그러자 미생의 간곡한 부탁을 들은 여인은 고개를 돌려 미생을 보고는 이렇

상사병 그리고 사춘기

미생은 그 여인을 너무 사랑한 나머지 사리 분별을 하지 못해서 결국 자신을 죽음에 이르게 했어요. 어떤 남자나 여자가 마음에 둔 이성을 몹시 그리워하여 생기는 마음의 병을 상사병이라고 해요. 특히 처음으로 이성을 생각하는 나이인 사춘기가 되면 누구나 한 번쯤은 이성에 대한 마음의 열병을 앓는 경우가 많은데요. 이는 아주 자연스러운 현상이에요. 사춘기란 신체의 성장에 따라 성적 기능이 활발해지고, 2차 성징이 나타나며, 생식 기능이 완성되기 시작하는 시기를 말해요. 누구에게나 찾아오는 사춘기이지만 미생처럼 혼을 빼놓는 것은 자신을 망치는 지름길이겠지요.

게 대답했어요.

"정 그렇다면 내일 마을 중앙에 있는 다리 아래에서 뵙기로 하지요."

"정말이오? 고맙소, 정말 고맙소!"

미생은 기쁨에 겨워 여인이 사라지고 난 후에도 웃음이 멈추지 않았어요.

마침내 하룻밤이 지나고 약속한 날이 왔어요. 미생은 다리 아래에서 만나기로 한 약속을 잊지 않고 그곳으로 향했어요.

꽉 막힌 사람, 교주고슬

교주고슬이란 거문고의 기러기발을 아교로 붙여 놓고 거문고를 탄다는 뜻이에요. 규칙만 고수하여 융통성이 없는 사람을 이르는 말이지요. 여기서 기러기발은 거문고 등의 현악기에 단단한 나무로 기러기의 발 모양과 비슷하게 만들어 줄의 밑에 대어 소리를 고르는 기구예요. 또 아교란 동물의 가죽, 힘줄, 창자, 뼈 등을 고아 그 액체를 굳혀 풀로 쓰는 물질을 뜻해요. 그런데 기러기발을 아교로 붙여 놓으면 음을 바꾸지 못하여 한 가지 소리밖에 낼 수 없어요. 그래서 사람들은 고지식해서 융통성이 없는 사람을 두고 교주고슬이라고 표현해요.

膠	柱	鼓	瑟
아교	기둥	북	큰 거문고
교	주	고	슬

그런데 아무리 기다려도 여인은 오지 않았어요. 게다가 별안간 억수 같은 장대비까지 쏟아져 개울물이 급격히 불어나기 시작했어요. 하지만 미생은 약속을 지키기 위해 그 자리를 떠나지 않았어요. 그러나 비는 멈추기는커녕 더욱 세차게 퍼부어 댔어요. 미생은 다리 기둥을 꼭 껴안고서 끝까지 여인을 기다리다가 결국 물에 빠져 죽고 말았어요.

훗날 소진이란 사람은 미생을 두고 '신의가 두터운 사람의 본보기를 보여 주었다'고 칭송하였어요. 그러나 장자는 미생의 행동이 '인간의 본성을 따르지 않는 위선적이고 고지식한 행위'라고 비판하였어요. 그래서 '미생의 믿음'이라는 뜻의 '미생지신'은 후대 사람들에게 상황에 따라 '신의가 두텁다'라는 뜻과 '고지식한 행위'라는 뜻의 두 가지 의미로 쓰였어요. 하지만 후자의 뜻이 더 널리 알려져 있어요.

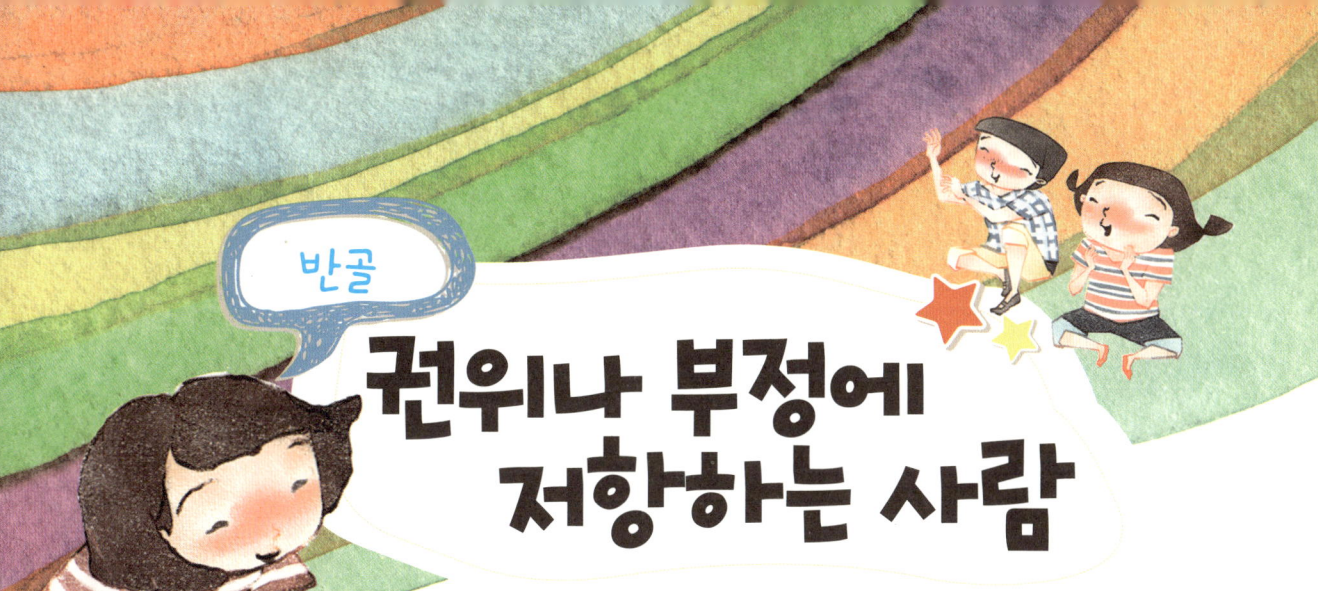

반골

권위나 부정에 저항하는 사람

2학년 2학기 통합 교과 우리나라 - 우리나라와 이웃 나라
5학년 1학기 사회 1. 하나 된 겨레
5학년 1학기 사회 2. 다양한 문화를 꽃피운 고려
6학년 1학기 사회 1. 우리 국토의 위치와 영역
6학년 2학기 사회 2. 세계 여러 지역의 자연과 문화
6학년 2학기 도덕 10. 참되고 숭고한 사랑

反 배반할 반   骨 뼈 골

중국 삼국 시대의 촉나라에 위연이라는 장수가 살았어요. 유비는 일찍이 그의 인물 됨됨이가 호탕하고 지략이 뛰어난 점을 높이 샀어요. 그래서 위연을 한중의 태수로 임명했어요. 그러나 제갈량은 그를 매우 싫어하였어요. 제갈량은 촉나라의 책사로 유비를 가장 가까이에서 모시는 사람이었어요.

하루는 유비가 제갈량에게 물었어요.

"자네는 도대체 왜 그렇게 위연을 미워하는 것인가?"

그러자 제갈량이 대답했어요.

"그는 훗날 커다란 재앙을 불러일으킬 것입니다."

제갈량의 말에 유비는 깜짝 놀라 되물었어요.

"위연이 왜 불행의 씨앗이 된다는 말인가?"

"위연은 목덜미에 뼈가 거꾸로 솟아 있습니다. 저렇게 목덜미에 뼈가 솟아 있는 것으로 보아 마지막에는 반드시 우리 촉나라에 해가 될 행동을 할 것이라 여겨 그리하였습니다."

제갈량이 위연을 좋아하지 않는 이유는 사실 그 이유 때문만은 아니었어요. 평소 자신의 의견을 사사건건 반대하는 위연이 제갈량의 눈에 좋게 보일 리 없었고요, 그런 마음이 커지자 위연의 목덜미에 거꾸로 솟은 뼈까지 신경에 거슬렸던 거예요. 그러나 유비는 제갈량의 말을 대수롭지 않게 여겨 여전히 위연을 총애했어요.

그 후 세월이 흘러 제갈량이 세상을 떠났어요. 그때 위연은 자신의 머리에 뿔 두 개가 거꾸로 솟는 이상한 꿈을 꾸었어요. 그는 이 꿈이 좋은 징조라고 여겨 제갈량이 없는 틈을 타서 군권을 장악하려고 했어요. 과연 제갈량의 예언이 맞아떨어졌던 거예요. 그러나 위연이 꾸었던 꿈은 좋은 징조가 아니라 나쁜 징조였고요. 그는 뜻을 이루지 못하고 살해되어 비참한 최후를 맞이했어요. 죽기 전까지도 위연을 의심하고 경계했던 제갈량이 생전에 그의 반란을 막을 수 있는 계책을 마련해 두었던 덕분이었어요.

그의 꿈에서 나온 '거꾸로 솟은 뼈'라는 뜻의 '반골'은 원래 '위연이 일으킨 모반'이라는 뜻이에요. 하지만 역사서 『삼국지』를 쓴 진수는 '위연이 촉나라를 모반하려고 하지는 않았다'고 결론을 내렸어요. 따라서 반골은 오늘날 '권위나 부정 따위에 타협하지 않고 저항하다'라는 긍정적인 뜻으로 쓰이고 있어요.

『삼국지』와 중국의 4대 기서

우리가 『삼국지』라고 부르는 나관중의 『삼국지연의』, 시내암의 『수호지』, 오승은의 『서유기』, 소소생의 『금병매』를 중국의 4대 기서라고 해요. 기서란 뛰어난 소설을 말하는데요. 그중 『삼국지연의』는 위·촉·오 삼국의 이야기를 다룬 소설이고요. 『수호지』는 송나라를 배경으로 하는 도적들의 이야기예요. 『서유기』는 삼장 법사와 손오공의 이야기를 다룬 불교 소설로 손오공은 우리에게 매우 잘 알려져 있어요. 마지막으로 『금병매』는 문학적으로 가장 뛰어난 평가를 받지만 어른들이 보아야 이해할 수 있는 소설이라고 해요. 그리고 역사서 『삼국지』는 진나라 학자 진수가 편찬한 정통 역사서로 위·촉·오 삼국의 이야기를 다루고 있어요.

방약무인
말과 행동을 함부로 하는 사람

2학년 2학기 통합 교과 우리나라 – 우리나라와 이웃 나라
3학년 2학기 국어 6. 서로의 생각을 나누어요
6학년 1학기 사회 1. 우리 국토의 위치와 영역
6학년 2학기 사회 2. 세계 여러 지역의 자연과 문화

傍	若	無	人
곁	같을	없을	사람
방	약	무	인

    중국 위나라 사람인 형가는 침착한 성격으로 생각이 깊었어요. 또한 독서를 좋아하고 검술에 능했어요. 그러나 위나라에서는 아무도 그를 알아주지 않았어요. 결국 형가는 위나라를 떠나 연나라로 향했어요. 그리고 그곳에서 비파를 잘 타는 고점리를 만나 친하게 지냈어요. 형가는 고점리와 어울리면서 날이면 날마다 술을 즐겼지요.

    그러던 어느 날이었어요. 그날도 시장 바닥에서 술을 마시고 있던 형가와 고점리는 벌써 얼큰하게 취해 있었어요.

"여보게, 고점리. 술에 취하니 기분이 좋구먼. 자네, 비파 좀 연주해 보게."

형가의 말에 고점리는 비파 연주를 준비했어요.

"좋네. 나는 비파를 탈 테니 자네는 내 연주에 맞추어 노래를 부르게나."

이윽고 고점리가 비파를 타자 형가는 그에 맞추어 노래를 부르고 시를 읊어 댔어요. 그러는 동안에도 둘은 쉬지 않고 술을 마셨어요. 한참이 지나자 형가와 고점리는 몸을 가누지도 못할 만큼 술에 취했어요. 그러고는 누가 먼저랄 것도 없이 큰 소리로 엉엉 울기 시작했어요. 주변 사람들은 눈살을 찌푸렸어요.

"그렇게 술을 마시더니 저게 웬 추태인가?"

"시장 바닥이 제집인 양 매일같이 술을 마시더니 이제는 울기까지 하는구먼."

"그러게 말이야. 마치 옆에 아무도 없는 것처럼 행동하고 있지 않은가."

사람들은 아무도 배려하지 않는 형가와 고점리를 비난했어요. 결국 시장 바닥에서 술에 취해 함부로 행동하던 형가와 고점리의 이야기는 널리 퍼졌어요.

그러나 연나라의 전광 선생은 그러한 형가의 소문에도 그가 보통 사람이 아니라고 생각하였어요. 그래서 연나라의 태자 단에게 형가를 소개시켜 주었어요.

"비록 형가가 가끔 방약무인한 짓을 하지만 그의 검술 실력은 어느 누구도 따라잡을 수 없을 정도로 훌륭합니다. 태자께서 직접 만나 보신다면 분명 마음에 드실 것입니다."

당시 태자 단은 훗날 시황제가 되는 진나라의 왕인 정에게 원한이 있어 그에게 복수를 벼르고 있었어요. 단은 형가를 깊이 신임하여 형가에게 정을 죽이도록 명령했어요. 형가는 뒤늦게 자신의 능력을 알아준 전광 선생과 단에게 보답하기 위해 진왕을 죽이기로 마음먹었어요. 그렇게 진나라 왕실까지 잠입한 그는 숨겨 온 단검으로 정의 목을 베려고 하였지요. 그러나 실패하여 죽고 말았어요.

　본래 '아무 거리낌 없이 당당한 태도'를 말했던 '방약무인'은 형가와 고점리의 일화 때문에 오늘날처럼 부정적인 의미로 바뀌었어요. 그래서 '거리낌 없이 함부로 행동하는 태도'를 의미하게 되었지요.

다른 사람을 업신여기는 안하무인

방약무인과 비슷한 뜻을 가진 안하무인은 눈 아래에 사람이 없다는 의미예요. 방자하고 교만하여 다른 사람을 업신여김을 이르는 말이지요. 우리 속담의 '고삐 풀린 망아지'와 비슷한 말이에요. 고삐 풀린 망아지는 이리저리 함부로 뛰어다니면서 논밭을 망치거니와 무례하고 버릇없이 굴기 때문이에요.

眼	下	無	人
눈	아래	없을	사람
안	**하**	**무**	**인**

배수진

물러설 곳이 없어 죽을 각오로 싸워요

1학년 2학기 통합 교과   우리나라 – 우리나라의 상징
2학년 2학기 통합 교과   우리나라 – 우리나라와 이웃 나라
3학년 2학기 국어   6. 서로의 생각을 나누어요
5학년 1학기 사회   1. 하나 된 겨레
5학년 1학기 사회   3. 유교 전통이 자리 잡은 조선
6학년 1학기 사회   1. 우리 국토의 위치와 영역
6학년 2학기 사회   2. 세계 여러 지역의 자연과 문화

背	水	陣
등질	물	진칠
배	수	진

　중국 한나라의 유방이 조나라와 전쟁을 벌일 때의 일이에요. 유방은 한신으로 하여금 조나라를 공격하도록 하였어요. 한편 한신이 쳐들어온다는 소식을 들은 조나라 왕과 재상 진여는 성안에 20만 군사를 배치하고 단단히 대비하였어요. 특히 진여는 조나라의 병사가 한나라보다 많은 점을 이용해 한나라 군대를 포위 공격하기로 계획했어요. 이에 한신은 주력 부대를 군대의 뒤쪽에 주둔시켜 놓고 말

을 탄 병사 2천여 명을 선발하였어요. 그리고 그들에게 모두 붉은 깃발을 들고 조나라의 성곽이 보이는 산 위에 진을 치게 하였어요.

"조나라 군대가 공격해 오면 뒤쪽의 우리 주력 부대는 후퇴한다. 그러면 적은 성을 비우고 우리를 추격할 것이다. 그때 너희는 빨리 조나라 성으로 들어가 한나라의 붉은 기를 세워라!"

또한 한신은 '진나라 군대는 유리한 곳을 점령하여 진을 치고 있으니 우리가 먼저 진나라 군대를 성 밖으로 유인해 내야 한다'고 생각했어요. 그래서 1만 군사를 먼저 강가로 보내 강물을 등지고 진을 치게 하였어요.

"물을 등지고 싸우다니 저놈들은 제정신이 아니로구나!"

조나라 군사들은 한신의 계략을 눈치채지 못하고 한신을 크게 비웃었어요.

날이 밝자 한신은 전차에 깃발을 세우고 조나라의 성으로 나아갔어요. 예상대로 조나라 군사는 성문을 열고 나와 싸웠지요. 한신은 거짓으로 패하는 척하며 깃발을 버렸어요. 그리고 강가에 배수진을 치고 있던 쪽으로 도망쳤어요. 기세등등해진 조나라 군사들은 성을 텅 비우고 앞다투어 한신의 군사를 추격했지요. 강물을 등진 한신의 군사들은 뒤로 물러날 수도 없었기에 목숨을 걸고 죽기 살기로 싸웠어요.

바로 이 틈이었어요. 숨어 있던 기마 부대는 조나라의 성으로 달려가 한나라의 기를 세웠어요. 한신을 추격하던 조나라 군대는 자신들의 성에 꽂힌 한나라의 붉은 기를 바라보고 깜짝 놀랐어요. 그러나 상황은 이미 끝난 후였어요. 뿐만 아니라 배수진을 치고 싸우는 한신의 군대에 당황한 조나라 군대는 사기를 잃고 뿔뿔이 흩어져 버렸어요. 이렇게 전투는 한나라의 승리로 끝났어요.

그 후 한나라의 승리를 축하하는 잔치가 벌어졌어요. 장수들은 한신의 뛰어난 계책을 침이 마르도록 칭송했지요. 그러자 한신은 조용히 웃으며 말했어요.

"병법에 이르기를 '죽을 땅에 빠뜨려 두어야 사는 길이 있다'라고 하지 않았는가? 우리 군사는 아직 기강이 잡히지 않아 결사적으로 싸우려면 죽을 곳을 뒤에 두지 않으면 안 되었다."

이때부터 '강이나 바다를 등지고 진을 친다'는 뜻의 '배수진'은 '어떤 일을 성취하기 위해 죽기를 각오하고 정면으로 맞서다'라는 것을 비유하는 말이 되었어요.

이순신 장군의 명언, 필사즉생 필생즉사

배수진은 임진왜란 때 이순신 장군이 명량 해전에 나가기 하루 전에 쓴 '필사즉생 필생즉사'와 비슷한 의미예요. 이 말은 죽기를 각오하면 살 것이고, 살고자 한다면 죽을 것이라는 뜻을 담고 있어요. 이순신은 이 글을 통해 전투에 임하는 자신의 각오를 다시 한 번 부하들에게 보여 주었어요. 결국 죽기를 각오하고 싸워 승리할 수 있었어요.

必	死	則	生	必	生	則	死
반드시	죽을	곧	날	반드시	날	곧	죽을
필	사	즉	생	필	생	즉	사

거문고 줄을 끊어 영원한 우정을 표시해요

백아절현

2학년 2학기 통합 교과 우리나라 – 우리나라와 이웃 나라
5학년 1학기 사회 3. 유교 전통이 자리 잡은 조선
5학년 1학기 음악 현악기의 종류
6학년 1학기 사회 1. 우리 국토의 위치와 영역
6학년 2학기 사회 2. 세계 여러 지역의 자연과 문화
6학년 2학기 음악 음악의 여러 모습 – 악기들이 모였다

伯	牙	絶	絃
맏	어금니	끊을	악기줄
백	아	절	현

중국 춘추 시대의 진나라에 백아라는 사람이 있었어요. 본래 백아는 초나라 사람이었지만 진나라에서 벼슬을 지냈고요. 거문고를 매우 잘 타 명인의 경지에 올라 있었어요.

어느 날 백아가 진나라 왕의 명령으로 초나라로 떠났어요. 그가 탄 배가 초나라에 닿았을 때는 보름달이 휘영청 밝게 빛나는 밤이 되었어요. 이때 백아

는 거문고를 꺼내 켜기 시작했어요. 한참 거문고를 연주하고 있던 백아는 누군가가 근처에 숨어서 거문고 소리를 듣고 있는 것을 알아차렸어요. 백아가 누구인지 알아보니 뜻밖에도 그는 나무꾼이었어요.

"그대는 내 곡조에 담긴 뜻을 알아듣는가?"

백아가 묻자 나무꾼은 차분하게 대답하였어요.

"공께서 타는 곡조는 공자의 〈안회탄〉이 아닌지요?"

백아는 그와 음악에 관한 물음을 주고받았어요. 나무꾼은 백아와 막힘없이 대화를 할 만큼 음악에 대한 조예가 깊었지요. 백아는 더더욱 신이 났어요.

"공자께서 방 안에서 거문고를 타시는데 제자 안회가 밖에서 들어 보니 거문고 소리에 살기가 서려 있음을 알아차리고 깜짝 놀랐다고 하지 않소? 나중에 알고 보니 그때 고양이 한 마리가 쥐를 잡아먹으려는 것을 공자께서 보시

물과 물고기 같은 친구, 수어지교

친구 간의 우정을 나타내는 성어로 수어지교가 있어요. 수어지교는 물과 물고기의 사귐이란 뜻이지요. 물고기를 물에서 조금만 떼어 놓아도 금세 물고기는 죽고 말 거예요. 그만큼 절실하게 가까운 친구 사이를 나타내는 거예요.

水	魚	之	交
물	물고기	~의	사귈
수	어	지	교

고 거문고 소리로 고양이를 쫓아 버리고 쥐를 살리려고 한 것이었지요. 그러고 보면 안회야말로 음을 안다고 할 수 있소."

백아는 이렇게 말하고는 다시 거문고를 켜기 시작했어요. 그런데 나무꾼은 어찌나 그의 마음을 잘 꿰뚫어 보는지, 백아가 높은 산에 오르고 싶은 심정으로 거문고를 켜면 이렇게 말했어요.

"아! 참으로 훌륭하도다. 마치 태산이 눈앞에 있는 것 같구나."

또 백아가 도도히 흐르는 강물을 생각하며 거문고를 켜면 다음과 같이 감탄하였지요.

"참으로 좋은 음악이다! 유유히 흐르는 강물이 눈앞에 있는 것만 같으니."

백아는 진실로 행복함을 느껴 그에게 이름을 물었어요. 나무꾼은 자신의 이름을 종자기라고 하였어요. 백아는 즉시 종자기와 의형제를 맺고요. 이듬해에 다시 초나라에 오면 꼭 그의 집에 들르겠다고 약속하였어요.

그러나 이듬해에 백아가 종자기를 다시 찾았을 때였어요. 불행하게도 종자기는 병을 앓다가 이미 세상을 떠난 뒤였어요. 그 소식을 들은 백아는 목 놓아 울며 말했어요.

"내 절친한 친구 종자기가 세상을 떠나다니 믿을 수가 없구나."

백아는 슬픔을 가누지 못하고 다시는 거문고를 켜지 않겠다고 결심하였어요. 그리고 자신이 그토록 아끼던 거문고의 줄을 끊어 버렸어요.

"내 거문고 소리를 알아주는 사람은 오직 종자기 한 사람뿐이었다. 이제 그가 떠나고 없으니 세상 그 누가 내 연주를 알아줄 수 있겠는가. 그러니 다시는 거문고를 연주하지 않을 것이다."

그 후 백아는 자신의 말대로 평생 거문고를 켜지 않았고요. 사람들 또한 백아의 아름다운 거문고 소리를 다시 들을 수 없었어요. '백아절현'은 바로 백아와 종자기의 슬픈 이야기에서 나온 것으로 친구 간의 영원한 우정을 표현하는 말이에요.

조선의 지음, 오성과 한음

백아와 종자기의 이야기에서 나온 또 다른 말로는 소리를 안다는 뜻의 지음이 있어요. 이 말은 마음이 통하는 친한 벗을 의미해요. 우리나라에도 조선의 지음이라 불리는 두 사람이 있어요. 이들은 조선 중기 선조와 광해군에 걸쳐 높은 벼슬을 지내며 많은 공을 세웠어요. 바로 우리에게 오성과 한음으로 많이 알려진 오성 이항복과 한음 이덕형이에요. 이들은 어려서부터 서로 단짝이었고 엄청난 개구쟁이였다고 해요. 하지만 두 사람 모두 공부를 열심히 하여 높은 벼슬에 올랐고요. 평생을 변치 않는 우정으로 지냈다고 해요.

知	音
알	소리
지	음

백 번을 싸워도 모두 이겨요

백전백승

2학년 2학기 통합 교과 우리나라 – 우리나라와 이웃 나라
6학년 1학기 사회 1. 우리 국토의 위치와 영역
6학년 2학기 사회 2. 세계 여러 지역의 자연과 문화

百	戰	百	勝
일백	싸울	일백	선비
백	전	백	승

중국 춘추 전국 시대의 제나라에는 손자라는 사람이 살았어요. 손자는 당대의 뛰어난 전략가였어요. 특히 그는 군사를 지휘하여 전쟁하는 방법인 병법에 능했어요. 손자는 오나라 왕 합려를 섬겼는데, 합려는 그의 조언을 받아들여 천하 통일을 이룰 수 있었어요. 그래서 사람들은 손자에게 병법에 대해 늘 질문을 하고는 했어요.

그러던 어느 날이었어요. 손자는 여느 때와 마찬가지로 자신을 찾아온 사람들에게 병법 이야기를 들려주고 있었어요. 그때 사람들 속에서 별안간 한 남자가 손을 번쩍 들고는 말했어요.

"혹시 전쟁이 벌어졌을 때 백 번을 싸워 백 번 모두 이길 수 있는 방법은 없습니까?"

그러자 곁에 있던 사람들도 한마디씩 거들었어요.

"손자께서는 병법에 도가 트인 분이니 분명 결코 패하지 않는 방법을 알고 계실 거야."

"맞아. 손자께서는 어떤 전쟁에서든 승리하는 방법을 아시겠지."

그러나 손자는 다음과 같이 말했어요.

"전쟁에서 승리하는 방법은 크게 두 가지가 있소. 첫째는 적과 싸우지 않고 승리하는 것이요, 둘째는 적과 싸운 끝에 승리하는 것이외다. 물론 싸울 필요 없이 이기는 방법이 가장 현명하며 후자는 그다음이오. 그러니 가장 중요한 것은 비록 백 번 싸워 백 번 모두 이겼을지라도 그것은 최상의 승리가 아니오."

사람들은 손자의 말에 고개를 갸우뚱하며 다시 물었어요.

"백 번을 싸워 백 번 다 이긴다면 가장 좋은 것 아닙니까?"

손자는 조용히 미소를 머금고는 다시 말했어요.

"내 이미 말하였듯이 아군의 피해가 전혀 없이 싸우지 않고 승리하는 것이야말로 최상의 승리라고 할 수 있소이다. 전쟁에서 승리하는 최고의 방법은 적의 속마음을 간파하여 미리 방어하는 것이요, 그다음 가는 방법은 적과 동맹 관계를 맺고 있는 나라와의 관계를 단절하여 적을 고립시키는 것이외다. 또 세 번째 방법은 적과 결전을 치르는 것이오. 그리고 가장 최악의 방법은 온갖 수단을 다 써서 공격하는 것이라오."

손자의 이 말은 '전쟁은 승리가 목적이지만 싸우지 않고 남을 이기는 것이 가장 중요하다'는 거예요. 무모한 전쟁으로 백성들의 삶을 고달프게 하지 말라는 깊은 뜻이 담겨 있어요. '백 번 싸워 백 번 모두 이긴다'는 뜻의 '백전백승'은 손자가 쓴 『손자병법』에서 나온 말이에요. '싸울 때마다 번번이 이긴다'는 의미로 사용되고 있어요.

손자와 『손자병법』

중국 춘추 전국 시대의 전략가인 손자의 이름은 손무예요. 『손자병법』은 손무와 그의 손자 손빈에 이르기까지 3대에 걸쳐 병법에 대해 적은 책인데요. 정치와 처세에 대한 교과서라고 불려요. 우리가 즐겨 사용하는 '지피지기 백전불패'도 『손자병법』에 나오는 말이에요. 지피지기 백전불패는 남을 알고 자신을 알면 백 번을 싸워도 위태롭지 않다는 뜻이지요. 즉 상대편과 나의 약점과 강점을 충분히 알고 싸움에 임하면 이길 수 있다는 말이에요.

불타는 책과 생매장된 선비

분서갱유

2학년 2학기 통합 교과 우리나라 – 우리나라와 이웃 나라
6학년 1학기 사회 1. 우리 국토의 위치와 영역
6학년 2학기 사회 2. 세계 여러 지역의 자연과 문화

焚	書	坑	儒
태울	책	묻을	선비
분	서	갱	유

진나라의 시황제가 전국 시대의 혼란을 평정하고 중국을 통일한 지 34년이 되던 해였어요. 시황제는 함양궁에서 큰 잔치를 벌였어요. 그때 승상인 이사가 앞으로 나와 황제에게 고했어요.

"지금은 그 어지럽던 천하가 통일되어 법률과 명령도 모두 권위와 계통이 서서 세상이 평안합니다. 그런데도 예전 시대의 잘난 학식만을 떠받들며 조정을 비판하고 세력을 형성하는 이들이 있습니다."

시황제는 이사의 말에 고개를 끄덕이며 물었어요.

"그렇다면 장차 어찌하면 좋겠는가?"

"지금 즉시 백성들이 알아야 할 의약, 점치는 일, 농경 그리고 진나라와 관련된 책 외에는 모든 서적을 불태워 없애야 합니다. 아울러 옛날과 현재를 비교하여 논하는 자들은 그 가족까지 모조리 잡아 죽여야 합니다. 또 명령이 내려진 지 30일이 지난 후에도 책을 태우지 않는 자들은 모두 붙잡아 엄히 다스려야 할 것입니다."

시황제는 이사의 말에 공감하며 중국 전역에 명령을 내려 개인이 책을 갖는 것을 엄격히 금했어요. 또한 한 달 이내에 개인 소장의 책을 지방관에게 제출하여 모두 '분서', 즉 태워 버릴 것을 명하였어요. 그래서 이 사건을 책을 태운다는 뜻의 '분서' 사건이라고 불렀어요.

또 시황제는 늙지도 않고 죽지도 않는 '불로장생'을 꿈꾸었어요. 그래서 신하들에게 죽지 않고 영원히 살 수 있는 불사약을 구해 오도록 명령하였지요. 하지만 불사약을 구하러 간 어느 누구도 살아 돌아오는 법은 없었어요. 또한 시황제를 위해 불로장생을 연구하던 후생과 노생이라는 두 사람은 시황제를 비난한 뒤 진나라에서 도망쳐 버렸어요. 그러자 용기를 얻은 다른 이들도 앞다투어 시황제에게 불만을 터뜨렸어요. 이에 크게 분노한 시황제는 불만을 터뜨린 선비들을 모두 잡아 가둬 심문한 후 명령하였어요.

"감히 나에게 대적하다니 어떻게 되는지 똑똑히 보여 주마. 지금 당장 나의 명령을 어긴 자들을 붙잡아 산 채로 땅에 묻어 버려라!"

시황제의 명령이 떨어지자 460여 명에 이르는 선비들이 잡혀 와 모두 산 채로 땅에 묻혀 죽고 말았어요. 때문에 이 사건을 일컬어 선비들을 묻었다는 뜻의 '갱유'라고 부르게 되었답니다.

이처럼 분서와 갱유 사건이 일어났던 진나라는 중국 역사에서 가장 포악무도 했던 시기로 기억되고 있어요. 그리고 이 두 사건의 이름을 합하여 '분서갱유'라고 부르며 시황제의 가혹한 정치를 이르는 말로 전하고 있어요.

영원히 살 수 있는 풀, 불로초

진나라의 시황제는 기원전 221년 중국을 처음으로 통일했어요. 그리고 스스로 황제라는 칭호를 사용하였어요. 또한 강력한 전제 군주 체제를 구성하고 적을 막기 위해 만리장성을 쌓기 시작했지요. 시황제는 죽지 않고 영원히 살고자 하여 불로초, 즉 먹으면 영원히 늙지 않는 약을 찾아 수천 명의 신하를 곳곳으로 파견하였어요. 하지만 이러한 노력에도 시황제는 기원전 210년에 세상을 떠나고 말았어요. 인생무상이란 이런 거예요.

사면초가
누구의 도움도 없는 외롭고 곤란한 지경

2학년 2학기 통합 교과 우리나라 – 우리나라와 이웃 나라
5학년 1학기 사회 1. 하나 된 겨레
6학년 1학기 사회 1. 우리 국토의 위치와 영역
6학년 2학기 사회 2. 세계 여러 지역의 자연과 문화
6학년 2학기 도덕 7. 다양한 문화 행복한 세상

四	面	楚	歌
사방	방향	초나라	노래
사	면	초	가

중국 초나라 항우와 한나라 유방의 5년에 걸친 싸움이 끝날 무렵의 일이에요. 항우는 점점 세력이 약해지자 결국 유방에게 화해를 청했어요. 유방은 화해를 받아들였지요. 그래서 항우는 동쪽으로 가고 자신은 서쪽으로 가려고 했어요. 하지만 유방의 신하인 장량과 진평은 서쪽으로 돌아가는 것을 말렸어요.

"지금 당장 초나라를 치지 않으면 호랑이를 키워 우환을 남기는 꼴이 될 것입니다."

"맞습니다. 이대로 서쪽으로 돌아간다면 훗날 초나라는 분명 우리에게 위협이 되어 돌아올 것입니다."

유방은 그들의 말을 듣자 서쪽으로 향하려던 결심이 흔들리기 시작했어요.

"그렇다면 경들은 다시 초나라와 전쟁을 시작하자는 것이오?"

"예. 반드시 그래야 합니다."

장량과 진평의 단호한 태도에 설득된 유방은 방향을 바꾸어 다시 항우를 추격했어요. 한신을 앞세운 유방의 군대는 마침내 해하에서 항우의 군사를 겹겹으로 포위하였어요.

당시 항우의 군대는 이미 뿔뿔이 흩어져 있던 터라 남은 군사도 얼마 없었어요. 또 가지고 있던 식량도 다 떨어져 도저히 유방의 군대와 맞서 싸울 수 있는 상황이 아니었어요. 유방은 이 기회를 놓치지 않고 명령했어요.

"항우의 군대는 이미 지칠 대로 지쳐 있다. 그러니 포위된 초나라 군사들에게 밤마다 초나라의 노래를 들려준다면 남은 기력마저 모두 쇠할 것이다."

유방의 군대는 그의 명령에 따랐어요. 그리고 어느 날 밤에 항복한 초나라 군사들에게 초나라의 노래를 부르도록 시켰어요.

사면에서 고향의 노래가 들려오자 초나라 군사들은 두고 온 가족들과 집 생각에 급속도로 사기가 떨어졌어요. 그리고 어둠을 틈타 하나둘씩 도망을 치기 시작했어요. 이 노랫소리는 물론 항우에게도 들렸어요.

"아니, 우리 군사들이 이미 모두 항복하였단 말인가? 어찌 한나라 군사 쪽에서 저리도 초나라의 노랫소리가 크게 들린단 말인가."

전세가 더욱 악화되자 항우는 기병 800명을 이끌고 직접 유방의 군대와 맞서 싸웠지요. 하지만 결국 오강에서 장렬한 최후를 맞이하였고 초나라는 전쟁에서 패하고 말았어요. '사방에서 들리는 초나라의 노래'라는 뜻인 '사면초가'는 바로 이 이야기에서 나온 것이에요. 이후 '아무에게도 도움받지 못하는 외롭고 곤란한 지경에 빠진 형편'을 이르는 말로 쓰고 있어요.

바람 앞의 등불처럼 위태로운 풍전등화

사극을 보면 가끔 "국가의 운명이 풍전등화에 처했다"라는 대사가 나와요. 풍전등화는 바람 앞의 등불이라는 뜻으로 사람의 운명이 어떻게 될지 모를 정도로 매우 급박한 처지에 놓임을 의미해요. 바람 앞에 놓인 등불이 언제 꺼질지 모르고 위태롭게 나부끼는 모습을 두고 표현한 거예요. 이 외에도 매우 위급한 처지를 비유하는 말에는 금방이라도 일이 크게 터질 듯한 아슬아슬한 상태를 의미하는 일촉즉발 등이 있어요.

風	前	燈	火
바람	앞	등불	불
풍	전	등	화

삼고초려

훌륭한 인재를 맞기 위해 몇 번이고 찾아가요

2학년 2학기 통합 교과　우리나라 - 우리나라와 이웃 나라
5학년 1학기 사회　1. 하나 된 겨레
6학년 1학기 사회　1. 우리 국토의 위치와 영역
6학년 2학기 사회　2. 세계 여러 지역의 자연과 문화

　중국의 후한 말이었어요. 유비는 무너져 가는 한나라를 다시 일으키기 위해 관우, 장비와 함께 군대를 일으켰어요. 그러나 유비에게는 전술을 펼칠 지략가가 없어 번번이 조조의 책략에 넘어가 고전을 면치 못했어요. 그는 조조의 책략을 격파하기 위해 훌륭한 군사를 등용하고자 물색하였어요.
　그러던 어느 날 유비는 우연히 사마휘라는 선비를 만났어요. 사마휘는 유비가 유능한 군사를 찾는 것을 알아채고 이렇게 일러 주었어요.

"복룡과 봉추 중 한 사람만 얻어도 그대는 천하를 손에 넣을 것이오."

사마휘가 말한 복룡은 바로 제갈량이었어요. 유비는 즉시 수레에 예물을 가득 싣고 그가 사는 초가집을 찾아갔어요. 물론 유비의 두 아우인 관우와 장비도 함께였어요.

제갈량의 집에 도착해 문을 두드리자 제갈량의 아우인 제갈균이 나왔어요. 유비는 그에게 자신을 소개하며 제갈량을 만나러 왔다고 전했어요.

"형님은 지금 집에 안 계십니다."

"그럼 오실 때까지 기다리지요."

유비의 말에 제갈균은 고개를 저으며 대답했어요.

"형님은 한 번 나가시면 언제 돌아오실지 모릅니다. 다음에 오시는 게 좋을 듯싶습니다."

"할 수 없군요. 그럼 제갈량 선생에게 다시 오겠다고 꼭 전해 주시오."

얼마 후 유비는 다시 관우, 장비와 함께 제갈량이 사는 초가집을 다시 찾아갔어요. 그러나 이번에도 제갈량은 집에 없었어요. 관우와 장비는 자존심이 많이 상했어요. 당시 유비의 나이는 마흔일곱 살이었고 제갈량은 그보다 스무 살이나 어린 나이였어요. 그런 제갈량이 분명 나중에 다시 오겠노라 한 유비의 말을 무시했다고 생각한 거예요. 그러나 유비는 아무런 불평도 없이 나중에 다시 오겠다 말하고는 발걸음을 돌렸어요.

얼마 후 또다시 유비는 만류하는 관우와 장비를 뒤로하고 제갈량의 집을 찾아갔어요. 다행히도 이번에는 제갈량이 집에 있었지만 그는 낮잠을 자고 있었어요. 이에 유비는 제갈량이 일어날 때까지 아무 말 없이 기다렸지요.

낮잠에서 깨어난 그는 세 번씩이나 자신을 찾아온 유비의 끈기와 인내에 감탄하였지요. 결국 제갈량은 유비의 군사가 되어 적벽 대전에서 조조의 대군을 격파하는 등 큰 공을 세웠어요. 여기에서 '초가집을 세 번 찾아간다'는 뜻의 '삼고초려'라는 말이 생겼어요. 이후 '빼어난 능력을 가진 사람을 맞아들이기 위해 참을성 있게 노력하다'라는 뜻으로 쓰이게 되었어요.

숨어 있는 인재, 복룡봉추

복룡봉추는 겉으로 드러나지 않는 재주와 지혜가 탁월한 사람을 말하는데요. 와룡봉추라고도 해요. 유비가 인재를 찾자 사마휘는 그에게 "복룡이나 봉추 중 한 사람만 얻으시오"라고 했어요. 여기서 누워 있는 용이란 뜻의 복룡 혹은 와룡은 제갈량을 말하고요. 봉황의 새끼란 뜻의 봉추는 방통을 말해요. 방통은 소박하고 우둔해 보이는 외모 때문에 처음에는 유비의 눈에 들지 못했어요. 그러다가 장비의 덕으로 재능을 발휘할 수 있었어요.

伏	龍	鳳	雛
엎드릴	용	봉황	병아리
복	**룡**	**봉**	**추**

상전벽해
뽕나무밭이 바다가 될 만큼 세상이 변해요

2학년 2학기 통합 교과 우리나라 – 우리나라와 이웃 나라
6학년 1학기 사회 1. 우리 국토의 위치와 영역
6학년 2학기 사회 2. 세계 여러 지역의 자연과 문화

桑	田	碧	海
뽕나무	밭	푸를	바다
상	전	벽	해

　아주 멀고도 먼 옛날 어느 바닷가에서 세 사람의 노인이 우연히 만났어요. 말동무를 하던 세 노인은 이야기 끝에 나이를 따져서 형님 동생을 가리기로 하였어요. 그래서 서로 나이 자랑을 시작했어요. 첫 번째 노인이 말했어요.

　"내가 어렸을 때는 하늘과 땅이 서로 붙어 있을 때였어. 그러니까 세상은 그저 안쪽과 바깥쪽만 있었어. 이런 바다를 본 것은 아주 최근이었어."

　그러자 다음 노인이 말했어요.

"나는 푸른 바다가 뽕나무밭으로 변할 때마다 나뭇가지를 하나씩 꺾어 집에 뒀네. 그런데 이제 그 나뭇가지가 열 채의 집에 가득가득 쌓여 있네그려."

마지막 노인도 말했어요.

"나는 말이야. 3천 년에 한 번 꽃을 피우고 다시 3천 년 뒤에 열매를 맺는 복숭아를 우리 스승님께서 드시고 그 씨를 중국 서쪽에 있는 곤륜산 밑에 버리셨는데, 이제 그 나무가 자라서 곤륜산만 해졌지."

세 노인은 계속 서로 나이가 많다고 싸웠지만 결국 형님과 아우를 가리지 못했어요. 그중 두 번째 노인이 말한 '뽕나무밭이 변하여 푸른 바다가 된다'는 뜻의 '상전벽해'는 '세상이 몰라볼 정도로 변화가 심하다'라는 뜻으로 쓰이고 있어요.

하늘과 땅이 열리는 천지개벽

천지개벽이란 글자 그대로 하늘과 땅이 열린다는 뜻이에요. 중국에서는 아주 옛날부터 하늘과 땅이 나뉘면서 세상이 시작됐다고 생각했어요. 다시 말해 천지개벽은 천지 창조를 나타내는 말이에요. 하지만 오늘날 천지개벽은 자연이나 사회에 큰 변화가 일어나 세상이 확 바뀌었다는 뜻으로 쓰이니 상전벽해와 비슷한 의미가 있어요. 천지개벽이 일어나 세상이 확 달라졌기 때문이에요. 그래서 놀라운 변화가 일어난 것에 쓰는 거예요.

天	地	開	闢
하늘	땅	열	열
천	지	개	벽

복이 화가 되기도 하고 화가 복이 되기도 해요

새옹지마

2학년 2학기 통합 교과 우리나라 – 우리나라와 이웃 나라
3학년 2학기 국어 6. 서로의 생각을 나누어요
6학년 1학기 사회 1. 우리 국토의 위치와 영역
6학년 2학기 사회 2. 세계 여러 지역의 자연과 문화

塞	翁	之	馬
변방	늙은이	~의	말
새	옹	지	마

    옛날 중국의 북쪽 변방에 한 노인이 살고 있었어요.

    어느 날 그 노인이 기르고 있던 말이 이유도 없이 다른 나라로 도망을 갔어요. 동네 사람들은 상심했을 노인을 찾아가 말했어요.

    "너무 슬퍼하지 마십시오. 말이야 다시 사다 기르면 되잖습니까?"

    그러나 노인은 오히려 껄껄 웃으며 대꾸했어요.

    "이것이 오히려 복이 될지 누가 알겠소? 나는 아무렇지도 않소."

몇 달 후의 일이었어요. 과연 노인의 말대로 도망갔던 말은 오랑캐의 말과 짝을 지어 돌아왔어요. 그런데 그 말은 아주 귀한 품종으로 덩치도 좋고 힘도 셌어요. 동네 사람들은 다시 노인을 찾아와 말했어요.

"정말 기쁘시겠습니다. 도망갔던 말이 저렇게 훌륭한 말과 짝을 지어 왔으니 말입니다."

그러나 노인은 어쩐 일인지 달갑지 않은 표정으로 대답했어요.

"글쎄올시다. 이것이 화가 될지 누가 알겠소?"

마을 사람들은 슬픈 일에도 슬퍼하지 않고 기쁜 일에도 기뻐하지 않는 노인을 이상하게 생각하였어요. 두 마리의 말은 새끼를 많이 낳았어요. 노인은 질 좋은 말을 많이 가지게 되었지요.

한편 노인에게는 아들이 한 명 있었는데요. 그는 말타기를 매우 즐겼어요. 그런데 그만 말을 타던 중 크게 다쳐 평생 다리를 절게 되었어요. 이에 동네 사람들은 노인을 위로하였어요.

"얼마나 가슴이 아프십니까? 그래도 죽음은 면하였으니 너무 슬퍼하지 마십시오."

아니나 다를까, 노인은 이번에도 담담히 말했어요.

"이 일이 복이 될지 누가 알겠소?"

그로부터 1년 후에 전쟁이 일어났어요. 젊은이들은 나라를 지키기 위해 모두 전쟁터에 끌려갔어요. 그리고 전쟁에 나간 젊은이들 중 열에 아홉은 목숨을 잃었어요. 그러나 노인의 아들만은 싸움터에 나가지 않았어요. 왜냐하면 지난날 말에서 떨어져 다친 다리 때문에 목숨을 부지하게 된 것이었어요. 이 말에서 나온 '변방에 사는 노인의 말'이라는 뜻의 '새옹지마'는 모든 일은 꼬리에 꼬리를 물고 이어지듯 '복인 줄 알았던 일이 화가 되기도 하고, 화인 줄 알았던 일이 오히려 복이 되기도 한다'는 의미예요. 즉 눈앞에서 벌어지는 일의 결과에 너무 연연하지 말라는 말이에요.

돌고 도는 전화위복

전화위복이란 화가 오히려 복이 된다는 뜻으로 새옹지마와 비슷한 말이에요. 지금은 재앙으로 여겨지지만 언젠가 복이 될 수 있으니 현재 상황에 너무 연연하지 말고 긍정적으로 생각하자는 의미를 담고 있어요. 우리 속담 '음지가 양지되고 양지가 음지 된다'와 비슷한 뜻을 가지고 있어요. 이 속담은 운이 나쁜 사람도 좋은 시기를 만날 수 있고 운이 좋은 사람도 어려운 시기가 있다는 말로, 세상사는 늘 돌고 돈다는 의미를 가지고 있어요.

轉	禍	爲	福
구름	재앙	할	복
전	화	위	복

 이와 잇몸처럼 떼려야 뗄 수 없는 관계

2학년 2학기 통합 교과 우리나라 – 우리나라와 이웃 나라
6학년 1학기 사회 1. 우리 국토의 위치와 영역
6학년 2학기 사회 2. 세계 여러 지역의 자연과 문화

　중국 춘추 시대 말의 이야기예요. 진나라의 헌공은 주변의 작은 나라들을 정복하여 자신의 땅을 넓혀 갔어요. 헌공의 욕심은 끝이 없어 우나라와 괵나라까지 수중에 넣으려 하였지요. 그런데 한 가지 문제가 있었어요. 괵나라를 치기 위해서는 먼저 우나라 땅을 지나야 했던 거예요. 헌공은 우나라 왕 우공에게 신하를 보내 '괵나라를 치러 갈 터이니 길을 빌려 주면 많은 보물을 주겠다'고 전했어요.

우공이 이를 허락하려 하자 현명한 신하인 궁지기가 왕에게 아뢰었어요.

"절대로 헌공에게 길을 빌려 주어서는 안 됩니다."

우공은 궁지기의 말에 의아해하며 물었어요.

"그대는 어찌하여 그렇게 생각하는 것이냐?"

"괵나라는 우리 나라의 바깥 울타리입니다. 만일 괵나라가 진나라로 인해 멸망하면 우리도 반드시 따라서 망하게 될 것입니다. 옛 속담에 이르기를 '입술이 없으면 이가 시리다'고 하지 않습니까? 이는 우리 우나라와 괵나라의 관계를 두고 한 말입니다. 그러므로 길을 빌려 주어서는 결코 안 됩니다."

그러나 어리석은 우공은 궁지기에게 이렇게 말했어요.

"진나라는 우리와 같이 주나라에서 갈려 나온 나라가 아니냐. 설마 진나라가 괵나라를 친 후에 우리까지 공격하겠느냐?"

"진나라의 헌공은 욕심이 많은 분입니다. 분명 괵나라만으로 만족하지 못하고 우리 우나라까지 손에 넣으려 할 것이 뻔합니다."

궁지기는 부디 우공이 현명한 결정을 내리기 바라며 간곡히 청하였어요. 하지만 재물에 눈이 먼 우공은 끝내 궁지기의 말을 듣지 않고요. 결국 헌공에게 길을 빌려 주고 말았어요. 이에 궁지기는 크게 실망하여 가족들을 데리고 우나라를 떠났어요. 그리고 한마디 말을 남겼어요.

"진나라는 괵나라를 치고 돌아가는 길에 반드시 우나라를 공격할 것이다."

과연 우나라의 길을 빌려 괵나라를 정복한 헌공은 돌아오는 길에 우나라까지 무너뜨렸어요. 또 우공을 사로잡았지요. 우공은 그제야 궁지기의 말을 듣지 않았음을 가슴 깊이 후회했지요. 하지만 이미 때는 늦어 어쩔 수 없었어요. 여기에서 '입술이 없으면 이가 시리다'라는 뜻의 '순망치한'은 '떼려야 뗄 수 없는 밀접한 관계' 혹은 '서로 밀접한 관계가 있어 어느 한쪽이 망하면 다른 한쪽도 그 영향을 받아 온전하기 어렵다'는 의미로 쓰이고 있어요.

어쨌든 이기는 길, 가도멸괵

진나라가 우나라에게 길을 빌려 달라는 핑계로 괵나라를 무너뜨린 뒤 우나라까지 멸망시켰다는 고사성어에서 나온 순망치한과 함께 전하는 말 중에는 가도멸괵이라는 말이 있어요. 가도멸괵이란 길을 빌려 괵나라를 멸망시킨다는 뜻이에요. 가도멸괵은 훗날 다른 나라의 길을 임시로 빌려 쓰다가 나중에 그 나라를 쳐서 없애는 것 혹은 군사 계획의 의도를 숨기기 위한 구체적인 수단 혹은 계책에 대한 비유로 쓰이고 있어요.

假	道	滅	虢
거짓	길	멸할	자국
가	도	멸	괵

양 머리를 내걸고 개고기를 파는 것

2학년 2학기 통합 교과 우리나라 – 우리나라와 이웃 나라
6학년 1학기 사회 1. 우리 국토의 위치와 영역
6학년 2학기 사회 2. 세계 여러 지역의 자연과 문화

羊	頭	狗	肉
양	머리	개	고기
양	두	구	육

    중국 춘추 시대 제나라의 왕 영공은 여자에게 남장시키는 것을 좋아했어요. 그래서 궁중의 여인들을 남자처럼 꾸며 놓으며 즐거워했어요.

    그러던 어느 날 궁 밖으로 산책을 나간 영공은 깜짝 놀랐어요. 궁 안 여인이 아닌 궁 밖의 여인들까지 남자처럼 옷을 입고 다녔기 때문이었어요.

    "아니, 어찌하여 저 여인들은 여인의 옷을 입지 않고 남자의 옷을 차려입은 것이냐? 머리 모양 또한 남자처럼 틀어 올리니 해괴하기 그지없구나."

    그러자 영공의 곁에 있던 신하가 머리를 조아리며 말했어요.

"아뢰옵기 황공하오나, 영공께서 궁 안의 여인들에게 남장을 하도록 하신 것이 어느새 궁 밖까지 소문이 나 유행이 되었다고 하옵니다."

"어허, 남장을 하는 것은 궁 안의 여인들만으로도 충분하도다. 지금 당장 궁 밖 여인들의 남장을 금지하도록 해라."

그러나 궁 밖의 여인들은 영공의 명령에 따르기는커녕 오히려 불평을 해 댔어요.

"맨 처음 남장을 하게 된 것은 왕의 뜻에 따른 것인데, 왜 이제 와서 말을 바꾸는 거지?"

"그러게 말이야. 궁 안의 여인이 남장을 하는 것은 즐기시면서 우리가 남장을 하는 것은 못마땅해하시는 이유가 무엇이란 말이냐."

"왕께서 아무리 남장을 못 하게 금하셔도 나는 그만두지 않겠어."

영공은 자신의 명령이 지켜지지 않는 것을 이상하게 여겼어요. 그래서 총명하기로 소문난 안자에게 그 이유를 물었어요.

"내가 궁 밖의 여인들에게 남장을 하지 못하도록 명령을 내렸건만 제대로 따르지 않는구나. 그 이유가 뭐라고 생각하는가?"

그러자 안자는 조용히 웃으며 대답했어요.

"그야 당연한 이치가 아니겠사옵니까? 궁 안의 여인들에게는 남장을 권장하시면서 궁 밖의 여인들은 이를 금하라 하시다니요. 그것은 마치 문 밖에 양의 머리를 걸어 놓고 안에서는 개고기를 파는 것과 같습니다. 만약 왕께서 궁 안 여인들의 남장을 금하신다면 궁 밖에서도 감히 왕의 명령을 따르지 않을 수 없을 것입니다."

안자의 충고를 들은 영공은 고개를 끄덕였어요. 그리고 궁 안 여인들에게도 남장을 금지시켰어요. 그러자 한 달이 채 되기도 전에 온 나라 안에 여인이 남자처럼 꾸미는 유행은 사라져 버렸어요. 여기에서 '양의 머리를 걸어 놓고 개고기를 판다'는 뜻의 '양두구육'은 '겉은 훌륭해 보이지만 속은 변변치 않다'는 의미로 사용되었어요. 또한 '겉으로 드러나는 행동과 마음속으로 품고 있는 생각이 서로 달라서 사람의 됨됨이가 바르지 못함'을 일컫기도 해요.

겉은 화려하나 속은 빈 외화내빈

겉은 화려하나 속은 거기에 미치지 못한다는 양두구육과 비슷한 뜻을 가진 말로는 외화내빈도 있어요. 말 그대로 겉은 화려하지만 속은 부족하다는 뜻이에요. 왜냐하면 사람들은 가끔 마음속으로는 좋지 않게 생각하면서 겉으로는 좋은 것처럼 꾸며서 행동하는 경우가 있으니까요. 결국 양두구육과 외화내빈은 같은 말이라고 할 수 있어요.

外	華	內	貧
바깥	빛날	안	가난할
외	화	내	빈

양상군자
도둑을 점잖게 일컫는 말

2학년 2학기 통합 교과 우리나라 – 우리나라와 이웃 나라
5학년 1학기 사회 1. 하나 된 겨레
6학년 1학기 사회 1. 우리 국토의 위치와 영역
6학년 2학기 사회 2. 세계 여러 지역의 자연과 문화

梁	上	君	子
들보	윗	임금	아들
량	상	군	자

중국의 후한 말에 진식이라는 사람이 살고 있었어요. 그는 젊었을 때부터 학문을 좋아하고 일 처리가 공정하였어요. 또한 성품이 관대해 남의 사정을 잘 알아주었지요. 그런 그가 태구현의 현감으로 있던 어느 해에 크게 흉년이 들어 백성들의 생활이 무척 고달파졌어요.

어느 날 밤이었어요. 한 도둑이 몰래 진식의 방에 들어왔어요. 그러고는 대들보 위로 올라가 몸을 숨겼어요. 진식은 이미 도둑의 존재를 눈치챘지만 못 본 척하며 자세를 바르게 하고 아들과 손자를 불렀어요. 그러고는 근엄한 표정으로 이렇게 물었어요.

"너희가 생각하기에 악한 사람은 처음부터 그렇게 타고난다고 보느냐?"

갑작스런 진식의 질문에 아들과 손자는 어리둥절했어요. 진식은 몰래 대들보 위를 슬쩍 흘겨보고는 말을 이었어요.

"무릇 사람이란 스스로 부지런히 힘쓰지 않으면 안 되느니라. 착하지 않은 사람이라도 본래부터 그러한 것은 아니다. 다만 평소의 잘못된 습관이 그대로 굳으면 곧 그 사람의 성격이 되는 것이니라. 바로 저 대들보 위에 있는 군자처럼 말이다."

대들보 위에 숨어 있던 도둑은 진식의 말에 크게 놀라서 바닥으로 쿵 떨어지고 말았어요. 도둑을 발견한 진식의 아들과 손자는 소스라치게 놀랐어요.

"네 이놈! 너는 누구인데 남의 집 방 안까지 들어와 숨어 있던 것이냐?"

"아버지, 이 도둑을 당장 잡아들여 벌을 내려야 합니다."

그러나 진식은 아들과 손자에게 조용히 말했어요.

"소란 떨지 마라. 나는 저자가 이 방에 숨어 있던 것을 이미 알고 있었느니라."

"예? 그런데 어찌 그토록 태연하셨습니까?"

그때였어요. 진식이 보통 사람이 아니라는 것을 깨달은 도둑은 이마를 조아리고 엎드려 빌기 시작했어요.

"잘못했습니다. 제가 한순간 생각을 잘못하여 큰 실수를 저질렀습니다. 부디 너그럽게 용서하여 주십시오."

진식은 도둑을 보며 조용히 미소를 지었어요.

"보아 하니 악인 같지는 않구나. 분명 가난 때문에 이런 짓을 했을 터이니 비단 두 필을 주겠다. 그러니 깊이 반성하여 착하게 사는 것이 마땅할 것이다."

이 일은 널리 알려졌고요. 그 후부터 태구현에서는 단 한 번의 도둑질도 일어나지 않았어요. 여기에서 '대들보 위의 군자'라는 뜻의 '양상군자'는 '도둑'을 일컫는 말로 오늘날까지 쓰이고 있어요.

양상군자와 장발장

프랑스의 대작가 빅토르 위고의 소설 『레 미제라블』의 주인공 장발장은 가난에 못 이겨 빵 한 조각을 훔쳤어요. 그 죄로 감옥에 들어가 19년 만에 출옥을 했어요. 그리고 그를 돌봐 준 미리엘 주교의 집에서 은 식기를 훔쳐 가다 다시 체포되었어요. 하지만 미리엘 주교의 도움으로 풀려나면서 진정한 반성을 통하여 새로운 출발을 하게 됐지요. 양상군자 역시 진식이라는 사람에 의해 크게 뉘우치고 새로운 삶을 살게 되는 것에서 서로 닮은 점이 있어요.

어부지리

둘이 다투는 동안 엉뚱한 사람이 이익 봐요

2학년 1학기 국어 5. 무엇이 중요할까?
2학년 2학기 통합 교과 우리나라 – 우리나라와 이웃 나라
3학년 2학기 과학 2. 동물의 세계
6학년 1학기 사회 1. 우리 국토의 위치와 영역
6학년 2학기 사회 2. 세계 여러 지역의 자연과 문화

漁	父	之	利
고기 잡을	사내	~의	이로울
어	부	지	리

　중국의 전국 시대에 전국 칠웅 중 하나였던 진나라가 한창 세력을 키울 때였어요. 당시 연나라는 남쪽으로 제나라와, 서쪽으로 조나라와 이어져 항상 두 나라의 위협을 받고 있었어요.

　어느 해에 연나라와 조나라 사이에 충돌이 일어났어요. 이를 기회로 조나라는 연나라를 침략하려고 준비하였어요. 연나라는 조나라와 전쟁이 벌어진다면 분명 패할 것이 뻔하다고 판단하였어요. 그리하여 지혜롭기로 소문난 소대라는

사람을 조나라 혜문왕에게 보냈어요. 전쟁을 일으키지 않도록 설득하기 위해서요.

소대는 조나라 혜문왕을 만나 말했어요.

"우리 연나라의 왕께서는 조나라와의 전쟁을 원하지 않으십니다. 부디 생각을 바꾸어 주시지요."

그러나 혜문왕은 코웃음을 쳤어요.

"그것은 연나라의 사정이다. 우리가 연나라의 입장을 헤아려 줄 이유가 있는가?"

소대는 혜문왕의 거절에도 눈 하나 깜짝하지 않고 말을 이었어요.

"제가 조나라로 오면서 역수를 보았는데, 그 이야기를 해 드릴까 합니다."

"역수라면 우리 조나라와 연나라의 국경을 이루고 있는 강이 아니냐?"

"예, 그렇습니다. 그곳에 마침 조개 한 마리가 껍데기를 벌려 살을 내놓고 햇볕을 쬐고 있었습니다. 이때 도요새가 날아와 조개의 살을 쪼았습니다. 이에 조개는 껍데기를 닫아서 도요새의 부리를 물었지요. 도요새는 말했습니다. '오늘도 비가 오지 않고 내일도 비가 오지 않으면 너는 말라 죽을 것이다.' 그러자 조개 또한 도요새에게 말했지요. '오늘도 부리를 빼내지 못하고 내일도 빼내지 못하면 너야말로 굶어 죽을 것이다.' 이렇게 서로가 서로를 놓지 않고 다투는 동안 마침 지나던 어부가 둘을 발견했습니다. 그리고는 모두 잡아가 버렸답니다."

"그래서 그게 어쨌다는 말이냐?"

"지금 왕께서는 우리 연나라를 치려고 하십니다. 하지만 연나라가 조개라면 조나라는 황새입니다. 조나라와 연나라가 오랫동안 싸우게 되면 두 나라 모두 허약해질 것입니다. 그리고 그 틈을 타 진나라는 어부처럼 손 하나 까딱하지 않고 이득을 얻겠지요. 왕께서는 진정 그것을 원하십니까?"

조나라 혜문왕은 소대의 말을 듣고 결국 연나라를 치려던 계획을 그만두게 되었어요. 여기에서 '어부의 이익'이라는 뜻의 '어부지리'는 '둘이 다투는 동안 엉뚱한 사람이 이익을 가로채다'라는 의미로 쓰이게 되었어요.

결국은 어부지리, 방휼지쟁

어부지리와 같은 뜻, 같은 유래를 가진 말로 방휼지쟁이 있어요. 어부지리가 어부의 이익이란 뜻이면, 방휼지쟁이란 도요새와 조개의 다툼이라는 뜻이에요. 도요새와 조개의 다툼에 어부가 이익을 취했으니 결국 같은 말인 거예요. 방휼지쟁과 어부지리 모두 제삼자, 즉 엉뚱한 사람이 이득을 취하는 것을 나타내는 말이에요.

蚌	鷸	之	爭
방합	도요새	~의	다툴
방	휼	지	쟁

역린
임금의 노여움

2학년 2학기 통합 교과 우리나라 – 우리나라와 이웃 나라
6학년 1학기 사회 1. 우리 국토의 위치와 영역
6학년 1학기 도덕 3. 우리 함께 지켜요
6학년 2학기 사회 1. 우리나라의 민주 정치
6학년 2학기 사회 2. 세계 여러 지역의 자연과 문화

逆 거스를 역   鱗 비늘 린

중국 전국 시대의 한나라는 전국 칠웅 중 하나였지요. 하지만 국력이 약해 언제나 불안에 떨었어요.

당시 한나라에는 한비자라는 학자가 살고 있었어요. 그는 바른 정치를 펼쳐 훌륭한 인재를 찾아 세상을 발전시키고자 하였지요. 또 약소한 조국을 안타까워하여 늘 부국강병을 이룰 수 있는 방법을 궁리하였어요. 그리고 여러 차례 왕에게 직언을 하였어요.

"폐하, 지금 한나라 조정의 벼슬아치들은 자신의 이익을 위해 나라를 해롭게 하고 있습니다. 이러한 작태를 엄히 처벌하시어 본을 보이셔야 합니다."

그러나 한비자의 이러한 말에도 왕은 별다른 반응을 보이지 않았어요.

"자네는 모든 것을 너무 심각하게 생각하는 것 같구려. 부정적인 생각은 스스로 병을 만드는 꼴이니 그만두게."

한비자는 왕의 시큰둥한 대답에 실망하였어요. 하지만 포기하지 않고 또다시 왕을 찾아가 자신의 뜻을 고했지요.

"폐하, 진나라의 위세가 날로 강력해지고 있다고 합니다. 혹여 금방이라도 진나라가 쳐들어온다면 우리 한나라는 아무런 방어도 하지 못한 채 무너지고 말 것입니다. 그러니 타락한 관리들을 하루빨리 벌하시고 인재를 등용하시어 나라의 기강을 바로잡으십시오."

그러자 이번엔 왕이 크게 화를 냈어요.

"뭣이라! 진나라의 힘이 얼마나 부강해졌는지는 모르겠으나 신하된 자로서 어찌 감히 한나라의 멸망을 입에 담는단 말이냐!"

한비자는 자신의 뜻을 헤아리기는커녕 오해하며 분노하는 왕의 모습을 보고 가슴이 답답해졌어요. 그리고 사람을 설득하는 것이 얼마나 어려운 일인지를 깊이 깨닫고 자신의 책 『한비자』에서 이렇게 말했어요.

'용은 순한 짐승이다. 길을 잘 들이면 사람이 올라타고 하늘을 날 수도 있다.

하지만 그 턱밑에는 다른 비늘과는 반대 방향으로 난 길이가 한 자나 되는 비늘이 있다. 만약 누군가 이 비늘을 잘못 건드렸다가는 반드시 죽게 된다. 군주 또한 이러한 비늘을 가지고 있다. 그러므로 자신의 의견을 왕에게 설득하려는 사람은 결코 이 역린을 건드리지 말아야 한다.'

여기서 용의 턱밑에 '반대 방향으로 난 비늘'을 '역린'이라고 해요. 한비자의 말에서 나온 '역린'은 '임금의 노여움'이란 뜻으로 사용되고 있어요.

한비자가 주장한 법치주의

한비자는 춘추 전국 시대 법가 사상의 대표적인 인물로 저서에는 『한비자』가 있어요. 법가란 사람의 지배 대신 법의 지배를 통하여 세상을 다스리자는 사상이에요. 그리고 인간은 욕망의 충족을 목표로 투쟁하는 이기적인 존재라고 규정하고 있어요. 또한 한비자는 법의 지배가 사회의 질서를 가져온다고 주장하였어요. 진나라의 시황제는 한비자의 사상에 깊은 관심을 보여 나라를 다스릴 때 적극적으로 활용하였어요.

다른 사람과 입장을 바꿔 생각해요

2학년 2학기 통합 교과 우리나라 – 우리나라와 이웃 나라
3학년 2학기 국어 6. 서로의 생각을 나누어요
3학년 2학기 도덕 3. 함께 어울려 살아요
5학년 1학기 사회 3. 유교 전통이 자리 잡은 조선
6학년 1학기 사회 1. 우리 국토의 위치와 영역
6학년 2학기 사회 2. 세계 여러 지역의 자연과 문화

바꿀	처지	생각	~한
역	**지**	**사**	**지**

중국의 전국 시대에 맹자가 많은 제자를 기르며 자신의 사상을 전파하던 때의 일이에요.

그러던 어느 날이었지요. 맹자는 평소와 다름없이 중국의 전설적인 성인인 하우와 후직의 이야기를 제자들에게 들려주고 있었어요.

"하우는 물에 빠진 백성이 있으면 자신이 강을 잘못 다스려 그들을 빠지게 만들었다고 여겼다. 또한 후직은 굶주리는 사람이 있으면 사신이 일을 잘못하여 그들을 굶주리게 만들었다고 생각하였다."

그러자 제자 중 한 명이 손을 들어 질문하였지요.

"선생님, 그렇다면 공자의 제자였던 안회는 어떻습니까?"

"안회는 어지러운 세상의 누추한 골목에서 물 한 바가지와 밥 한 그릇으로만 살았다. 그렇지만 그처럼 가난한 생활 속에서도 도를 익히고 즐겼느니라."

맹자의 말에 또 다른 제자가 물었어요.

"그렇다면 선생님, 그분들 중에 누가 가장 훌륭한 사람입니까?"

제 논에 물 대기, 아전인수

역지사지와 정반대의 말인 아전인수는 자기 논에 물을 댄다는 뜻이에요. 자신에게만 이롭게 되도록 생각하거나 행동함을 이르는 말이지요. 우리 속담으로 '제 논에 물 대기'라고 해요. 세상의 모든 일을 제 이익에만 초점을 맞추어 생각하다 보면 남에게 피해를 주는 아전인수도 서슴지 않게 마련이에요. 때문에 이기적인 행동을 경계하기 위해서는 상대편의 입장을 헤아릴 줄 아는 역지사지의 정신을 기억해야 할 거예요.

我	田	引	水
나	밭	끌	물
아	전	인	수

"하우와 후직과 안회는 같은 뜻을 가졌느니라. 그러므로 처지를 바꾸어도 모두 그렇게 하였을 것이다."

"같은 뜻이라 함은 무엇인지요?"

그러자 맹자는 조용히 미소 지으며 이렇게 대답했답니다.

"입장을 바꾸어 다른 사람의 처지에서 헤아려 보는 것이다. 너희 또한 하우와 후직, 안회의 생활 방식을 본받아 사람이 가야 할 길을 살피도록 하여라."

'처지를 서로 바꾸어 생각하다'라는 뜻의 '역지사지'는 바로 여기에서 나온 것이에요. 이는 '상대편의 처지나 입장에서 먼저 생각해 보고 이해하라'는 의미예요.

연목구어

나무에 올라가 물고기를 찾아요

2학년 2학기 통합 교과 우리나라 – 우리나라와 이웃 나라
3학년 2학기 국어 6. 서로의 생각을 나누어요
5학년 1학기 사회 3. 유교 전통이 자리 잡은 조선
6학년 1학기 사회 1. 우리 국토의 위치와 영역
6학년 1학기 도덕 3. 우리 함께 지켜요
6학년 2학기 사회 2. 세계 여러 지역의 자연과 문화

緣	木	求	魚
오를	나무	구할	물고기
연	목	구	어

중국 전국 시대에는 여러 나라가 있었어요. 이들은 자기 나라를 더욱 부강하게 만들고 영토를 넓히기 위해 혈안되었지요. 그때 맹자는 여러 나라를 돌아다니며 '인의' 즉, '어짊과 의로움'을 바탕으로 하는 왕도 정치를 주장하였어요.

그러던 어느 날 맹자는 제나라 선왕을 만나게 되었어요. 선왕은 맹자에게 춘추 시대를 통일했던 제나라 환공과 진나라 문공의 패도 정치에 대하여 물었어요. '패도 정치'란 군주가 권력과 무력으로 나라를 다스리는 것을 뜻해요.

"공자의 사상을 잇는 사람들은 환공, 문공과 같은 사람들에 대해서는 말하지 않습니다."

맹자는 이렇게 대답하며 왕도 정치로 화제를 돌렸어요.

"왕께서는 싸움을 일으켜 신하의 목숨을 위태롭게 하고, 이웃 나라와 원수가 되는 것이 좋으십니까?"

"아니오. 다만 내가 생각하고 있는 큰 바람이 있소이다."

"그럼 그 큰 바람은 무엇입니까?"

맹자의 질문에 왕은 웃기만 할 뿐 선뜻 대답하지 못하였어요. 그러자 맹자가 말을 이었어요.

"살찐 고기와 단 음식이 입에 부족해서입니까, 아니면 가볍고 따뜻한 옷이 부족해서입니까? 그도 아니면 아름다운 음악이 부족하고 훌륭한 인재가 부족해서입니까? 왕께서는 이 모든 것을 가지고 계시는데 어찌하여 싸우려 하십니까?"

"아니오. 지금 선생께서 하신 말씀 중에 나는 부족하다고 느끼는 것이 없소."

"그렇다면 천하를 통일하여 발아래 두고자 하는 것이로군요. 그러나 무력으로 천하를 거머쥐려는 것은 나무에 올라가서 물고기를 구함과 같습니다. 오히려 나무에 올라가 물고기를 구하는 것보다도 더 무리한 일이지요."

그러자 비로소 왕은 입을 열었어요.

"선생의 말이 맞소. 내가 원하는 것은 바로 천하 통일이오. 그런데 그것이 왜 무리한 일이라 생각하시오?"

맹자는 궁금해하는 왕에게 이렇게 충고하였답니다.

"나무에 올라가 고기를 구하는 것은 고기만 구하지 못할 뿐 재난은 남기지 않습니다. 그러나 왕께서 무력으로 천하를 통일하고자 하신다면 그 뜻을 이루지 못할 뿐만 아니라, 백성을 괴롭히고 나라를 망하게 하는 재앙을 불러올 것입니다. 그러니 더욱 못할 일이지요."

맹자는 인의에 바탕을 둔 왕도 정치를 강조한 거예요. 여기에서 '나무에 올라가 물고기를 구한다'는 뜻인 '연목구어'는 '도저히 불가능한 일을 억지로 하려고 한다'라는 의미로 쓰이게 되었어요.

우물에 가 숭늉 찾는다

연목구어와 비슷한 우리 속담으로 '우물에 가 숭늉 찾는다'가 있어요. 우물이란 물을 긷기 위하여 땅을 파서 지하수를 괴게 한 곳이에요. 또 숭늉은 밥을 지은 솥에서 밥을 푸고 남은 눌은밥에 물을 붓고 데운 것이에요. 숭늉은 우물에서 물을 떠다 밥을 지은 후에야 얻을 수 있어요. 결국 이 속담은 일의 순서도 모르고 성급하게 덤빔을 비유적으로 이르는 말이에요.

오리무중

안개 속에 있는 것처럼 아무것도 알 수 없어요

2학년 2학기 통합 교과 우리나라 – 우리나라와 이웃 나라
5학년 1학기 사회 1. 하나 된 겨레
6학년 1학기 사회 1. 우리 국토의 위치와 영역
6학년 2학기 사회 2. 세계 여러 지역의 자연과 문화

五	里	霧	中
다섯	마을	안개	가운데
오	리	무	중

　중국의 후한 순제 때의 일이에요. 학문이 뛰어난 장패라는 선비가 있었지요. 그는 이름난 학자로 그의 명성을 듣고 찾아오는 이들이 많았어요. 하지만 장패는 이들을 모두 마다하고 청렴하게 살다 일흔 살의 나이로 세상을 떠났어요.

　그의 아들 장해 역시 학문에 정통한 학자로 명성을 떨쳤어요. 그래서 그가 거느린 제자들만 100명이 넘을 정도였어요. 하지만 그 역시 아버지와 마찬가지로 세상의 이익을 좇는 자들과 섞이기를 싫어하였어요. 심지어 순제가 여러 번 벼슬을 내렸지만 병을 핑계 삼아 끝내 벼슬길에 나아가지 않을 정도였어요. 장해는 결국 고향으로 내려가 버렸어요.

장해는 학문만 뛰어난 것이 아니라 도술도 능하였어요. 그는 사방 5리를 안개에 휩싸이게 하여 찾아오는 사람들을 따돌리곤 했어요.

한편 관서에 배우라는 사람이 있었어요. 그도 안개를 일으키는 도술을 익히고 있었어요. 배우는 자신의 도술에 매우 자만해 있었어요. 그래서 장해의 소문을 듣고 그를 직접 찾아 나섰어요.

"장해가 사방 5리까지 안개를 일으킨다고? 내가 그를 찾아가 누가 더 안개를

학도 아니고 봉도 아니다

학은 다른 말로 '두루미'라고도 부르는 새의 한 종류예요. 학의 몸길이는 1.4미터이고 날개 길이는 2.4미터에 이를 정도로 무척 몸집이 커요. 그리고 '봉'은 상상의 동물인 봉황의 수컷이에요. 그래서 봉은 상서로움을 상징하며 기린, 거북, 용과 함께 비범한 네 가지 동물로 불려요. 이처럼 학과 봉은 새라는 공통점만 있을 뿐 서로 전혀 다른 존재예요. 결국 '학도 아니고 봉도 아니다'라는 말은 '이것도 저것도 아무것도 아니다'라는 뜻이지요. 행동이 분명하지 않은 경우 혹은 그런 사람을 비난하는 말로 주로 쓰여요.

넓게 일으키는지 겨뤄 봐야지."

하지만 장해는 안개 속에 자취를 감추고 끝내 그를 만나 주지 않았어요.

그 후 배우는 안개를 일으켜 사람들의 눈을 속여 도둑질을 하다가 잡혔어요. 잡혀간 배우는 안개를 일으키는 도술을 장해가 가르쳐 주었다고 거짓말을 하여 장해도 잡혀가게 되었어요.

장해는 2년 동안 감옥에 갇혀 있으면서도 책을 읽고 글을 쓰며 학자로서 본분을 지켰고요. 끝내 자신을 세상 밖으로 드러내지 않았어요. 그러자 사람들은 사방 5리를 안개에 휩싸이게 만드는 그의 도술에 빗대어 '도대체 그가 무슨 일을 하는지 알 수 없다'며 '오리무중'이라고 하게 되었어요. 이때부터 오리무중은 '어떤 일에 대하여 알 길이 없음'을 의미하게 되었어요.

분명하지 않은 애매모호

애매모호란 말이나 태도 따위가 희미하고 흐려 분명하지 않음을 뜻해요. 여기서 애매(曖昧)란 분명하지 않다는 말이고요. 모호(模糊) 역시 말이나 태도 따위가 희미하고 분명하지 않다는 말이에요. 그래서 불분명하다는 뜻을 나타내고자 할 때는 모호하다고 해도 뜻이 통해요. 하지만 애매모호하다라고 하면 더 강하게 불분명함을 나타내 주는 말이 되겠지요.

曖	昧	模	糊
희미할	어두울	모호할	흐릿할
애	매	모	호

오십보백보
약간 차이는 있어도 사실은 거기서 거기

2학년 2학기 통합 교과 우리나라 – 우리나라와 이웃 나라
3학년 2학기 국어 6. 서로의 생각을 나누어요
5학년 1학기 사회 3. 유교 전통이 자리 잡은 조선
6학년 1학기 사회 1. 우리 국토의 위치와 영역
6학년 2학기 사회 2. 세계 여러 지역의 자연과 문화

五	十	步	百	步
다섯	열	걸음	일백	걸음
오	십	보	백	보

　중국 춘추 시대에 위나라 혜왕과 맹자가 만났을 때의 일이에요. 당시 위나라는 서쪽으로는 진나라가 위협하고 동쪽으로는 제나라와 전쟁에 패해 큰 어려움에 처해 있었어요. 그래서 혜왕은 맹자를 초청해 어려움을 극복하는 방법을 묻고자 했던 거예요.

　위나라 혜왕은 맹자를 크게 환영하여 맞이하였어요.

　"이렇게 천 리를 멀다 않고 찾아와 주니 고맙소. 그래, 맹자께서는 우리 위나라를 부강하게 만들 수 있는 무슨 묘책이 있으시오?"

"왕께서는 어찌 이익을 말씀하십니까? 이 세상엔 오직 인의만 있습니다."

맹자의 대답에 혜왕은 억울하다는 듯 말을 이었어요.

"선생께서 언제나 백성을 생각하라고 하셨소. 그래서 나는 모든 어려움을 무릅쓰고 지금껏 마음을 다해 백성들을 위해 왔소. 흉년이 들었을 때는 백성들이 굶주리지 않도록 곡식을 나누어 주었소. 또 홍수가 났을 때는 백성들을 안전한 곳으로 대피시켰소. 이웃 나라 어느 곳에서 나처럼 한단 말이오? 그런데도 백성들이 전혀 늘지 않고 나라도 부강해지지 않으니 도대체 무슨 이유란 말이오?"

그러자 맹자는 이야기를 풀어놓기 시작했어요.

"왕께서 전쟁을 좋아하시니 전쟁으로 비유하겠습니다. 어느 곳에서 전쟁이 일어났습니다. 이미 싸움이 한창이라 병사들은 사방에서 북을 쳤고 무기와 칼날이 무섭게 일어났지요. 그런데 병사 몇 명이 갑옷과 무기를 던져 버리고 달아났습니다. 그런데 어떤 병사는 100걸음쯤 가서 멈추었고 어떤 병사는 50걸음쯤 가서 멈추었습니다. 그런데 50걸음을 도망친 병사가 100걸음을 도망친 병사를 겁쟁이라고 비웃었습니다. 왕께서는 이를 어찌 생각하시는지요?"

왕은 조금의 망설임도 없이 대꾸했어요.

"그야 50걸음이나 100걸음이나 도망친 것은 마찬가지이니 비웃을 자격이 없지 않겠나. 약간의 차이가 있을지언정 도망간 것은 마찬가지이니."

그러자 맹자는 조용히 미소 지으며 왕에게 말했어요.

"예, 맞는 말씀입니다. 그러니 왕께서 진실로 이치를 아신다면 다른 나라보다 백성이 많아지고 부강해지기를 바라지 마십시오. 백성을 다스림에 있어 왕도 정치를 실천하지 않는 것은 위나라나 이웃 나라나 크게 다를 것이 없습니다."

맹자는 혜왕이 백성들을 도와준 것은 오로지 전쟁을 준비하기 위해서였다는 사실을 지적한 거예요. 맹자를 통해 자신의 어리석음을 깨달은 혜왕은 순간 부끄러워 얼굴이 붉게 달아올랐어요. 여기에서 '50보 도망간 자가 100보 도망간 자를 비웃는다'는 뜻의 '오십보백보'란 말이 나왔고요. 이 말은 '조금 차이가 있기는 하지만 결국은 마찬가지'라는 의미로 쓰이게 되었어요.

도토리 키 재기

오십보백보와 비슷한 우리 속담으로 '도토리 키 재기라'는 말이 있어요. 도토리는 참나뭇과의 열매인데요. 아무리 커도 밤나무 열매인 밤보다 작아요. 그래서 이 말은 정도가 고만고만한 사람끼리 서로 다툼을 의미해요. 때문에 비슷비슷하여 견주어 볼 필요가 없는 상황을 비유하거나 대략 같은 수준의 사람을 가리킬 때 사용해요.

와신상담
뜻을 이루기 위해 온갖 고난을 참아요

2학년 2학기 통합 교과 우리나라 – 우리나라와 이웃 나라
5학년 2학기 과학 1. 우리 몸
6학년 1학기 사회 1. 우리 국토의 위치와 영역
6학년 2학기 사회 2. 세계 여러 지역의 자연과 문화

臥	薪	嘗	膽
누울	땔나무	맛볼	쓸개
와	신	상	담

중국 춘추 시대의 일이에요. 오나라 왕 합려는 취리에서 월나라 왕 구천과 싸워서 크게 지고 말았어요. 그리고 이때 월나라 군사의 화살에 부상을 당했는데요. 이 상처가 심해져서 목숨을 잃었어요. 합려는 죽기 전에 아들 부차에게 월나라를 쳐서 원수를 갚으라는 유언을 남겼어요.

오나라 왕위에 오른 부차는 아버지의 유언을 잊지 않기 위해 불편한 땔나무 위에서 잠을 잤어요. 그리고 자기 방을 드나드는 신하들에게 방문 앞에서 이렇게 외치도록 명령하였어요.

"부차야, 월나라 왕 구천이 네 아버지를 죽였다는 것을 잊어서는 안 된다!"

이렇게 밤낮없이 복수를 꿈꾼 부차는 은밀히 군대를 훈련시키며 때가 오기를 손꼽아 기다렸어요. 하지만 월나라 왕 구천이 이 사실을 눈치채고 먼저 오나라를 공격하였어요. 월나라는 복수심에 불타는 오나라 군사를 이기지 못하고 대패하고 말았어요.

구천은 급히 회계산으로 몸을 피해 도망갔어요. 그러나 오나라 군대는 그를 끈질기게 추격해 왔어요. 구천은 꼼짝없이 포위당해 이러지도 저러지도 못하게

원수도 힘을 합치는 오월동주

와신상담 외에도 원수지간이었던 오나라와 월나라에서 나온 말로 오월동주가 있어요. 오월동주는 오나라 사람과 월나라 사람이 한 배에 타고 있다는 뜻이에요. 부차와 구천이 같은 배를 탔을 때 풍랑을 만나 서로 힘을 합쳤다는 데에서 나온 말이지요. 그래서 서로 원수지간인 두 집단이 잠시 같은 어려운 상황에 놓여 있는 경우 서로 힘을 합치게 되는 것을 일컫는 말로 쓰고 있어요.

吳	越	同	舟
나라 이름	넘을	같을	배
오	월	동	주

되었어요. 그때 월나라의 재상 범려가 오나라 재상 백비에게 뇌물을 주었지요. 그리고 그의 도움을 받아 오나라에 거짓으로 항복을 청했어요.

이때 오나라의 충신인 오자서는 이를 미심쩍다고 생각했어요. 그래서 부차에게 간언하였어요.

"폐하, 훗날의 위험을 없애기 위해서는 지금 구천을 살려 두어서는 안 됩니다. 부디 현명하게 판단하시어 후환을 없애 버리십시오."

그러나 부차는 백비의 꾐에 빠져 오자서의 말을 무시했어요. 결국 구천의 항복을 받아들여 그를 살려 주었어요.

전쟁에 패한 치욕, 회계지치

회계지치라는 말은 와신상담과 같은 유래를 가지고 있어요. 부차가 밤낮없이 복수를 꿈꿔 회계산에서 오나라를 이기고 구천에게 수모를 준 데에서 나온 말이 회계지치예요. 회계지치란 회계산에서 수치를 당한다는 뜻이에요. 오늘날에는 전쟁에서 패한 치욕을 의미하는 말로 쓰이고 있어요. 이후 구천은 겨우 월나라로 돌아왔지요. 그리고 쓸개의 쓴맛을 맛보며 복수의 칼을 간 끝에 오나라를 멸망시키고 수치를 씻었어요.

會	稽	之	恥
모일	상고	~의	부끄러울
회	계	지	치

고국 월나라로 돌아온 구천은 아내와 함께 농사꾼 행세를 하며 조용히 지냈어요. 그러나 사실 그는 항상 곁에 쓸개를 놔두고 앉으나 서나 그 쓴맛을 맛보면서 복수의 칼날을 갈았어요.

그로부터 13년 후에 구천은 군대를 모아 오나라로 쳐들어갔어요. 싸움은 무려 7년간이나 지속되었지요. 하지만 구천은 지칠 줄을 몰랐어요. 그리고 마침내 오나라의 도읍에서 부차를 굴복시켰어요. 부차는 지난날 오자서의 말을 듣지 않았던 자신을 원망하며 스스로 목숨을 끊었고요. 구천은 천하를 다스리게 되었어요.

여기에서 부차와 구천이 복수를 다짐하여 참고 견딘 어려움을 일컫는 '섶에 누워 쓸개를 씹는다'는 뜻의 '와신상담'이라는 말이 나왔어요. 그리고 와신상담은 오늘날 '목적을 달성하기 위해 온갖 고난을 참고 견디는 것'을 비유하는 말로 쓰이고 있어요.

완벽
아무런 결점 없이 완전한 것

2학년 2학기 통합 교과 우리나라 – 우리나라와 이웃 나라
6학년 1학기 사회 1. 우리 국토의 위치와 영역
6학년 2학기 사회 2. 세계 여러 지역의 자연과 문화

完 완전할 완   璧 구슬 벽

중국 전국 시대의 일이에요. 조나라의 혜문왕은 화씨지벽을 가지고 있었어요. 화씨지벽은 '화씨가 발견한 구슬'이라는 뜻으로 천하제일의 고귀한 구슬이라고 알려져 있었어요. 이 소문을 들은 진나라 소양왕은 화씨의 구슬을 가지고 싶다는 욕심이 생겼어요. 그리하여 혜문왕에게 자신의 성 열다섯 개를 줄 테니 화씨의 구슬을 넘기라고 제안했어요.

혜문왕은 매우 난처해졌어요. 만약 제안을 거절한다면 강대국인 진나라가 당장 공격해 올 것이고요. 제의를 받아들이면 구슬만 빼앗아 가고 열다섯 개의 성은 주지 않을 것이 분명했으니까요. 고민을 거듭하던 혜문왕은 결국 진나라의 제안을 거절하지 못하고 사신을 보내기로 했어요.

"진나라에 보낼 사신으로는 누가 마땅하겠는가?"

혜문왕은 신하들을 모아 놓고 의견을 물었어요. 그러자 목현이 말했어요.

"저희 집에 머물고 있는 식객 중에 인상여라는 자가 있습니다. 그는 지혜와 담력이 매우 뛰어나니 임무를 완수할 수 있을 것입니다."

혜문왕은 목현의 말에 따라 인상여에게 화씨의 구슬을 진나라로 가져가라고 하였어요.

진나라의 소양왕은 인상여가 가져온 화씨의 구슬을 살펴보면서 아주 흡족해하였어요. 그러나 구슬과 교환하기로 한 열다섯 개의 성에 대한 이야기는 눈곱만큼도 하지 않았어요. 이를 지켜보던 인상여는 소양왕에게 말했지요.

"전하, 그 화씨지벽에는 흠집이 있는데 자세히 살펴보지 않으면 잘 보이지 않습니다. 그러니 제게 주신다면 알려 드리겠습니다."

소양왕은 아무런 의심 없이 인상여에게 구슬을 넘겨주었어요. 인상여는 구슬을 받자마자 궁궐 기둥 옆에 다가서더니 소양왕을 노려보며 말했어요.

"전하께서 열다섯 개의 성을 넘겨주실 때까지 화씨지벽은 제가 보관하겠습니다. 만약 약속을 어기신다면 이 기둥에 화씨지벽을 대고 저의 머리로 쳐서 구슬을 부숴 버릴 것입니다."

혹여 구슬이 다칠까 전전긍긍하던 소양왕은 열다섯 개의 성을 주겠다며 인상여를 숙소로 돌려보냈어요. 그러나 인상여는 소양왕이 결코 성을 줄 마음이 없다는 것을 눈치채고 있었어요. 그는 숙소에 도착하자마자 부하를 변장시킨 뒤서둘러 화씨지벽을 고국으로 안전하게 돌려보냈어요.

이것을 안 소양왕은 분한 마음에 인상여를 죽이려 하였지요. 그러나 약속을 지키지 않은 자신의 허물이 세상에 알려질까 두려워 그를 살려 줄 수밖에 없었어요. 그래서 화씨지벽과 인상여는 다시 조나라로 온전히 돌아오게 되었어요. 이때부터 결점이나 흠이 없는 '완전한 구슬' 혹은 '구슬을 완전하게 보존하다'라는 뜻의 '완벽'은 '결함 없이 완전함'을 나타내게 되었어요.

매우 완벽한 천의무봉

천의무봉이란 선녀의 옷에는 꿰맨 흔적이 없다는 뜻이에요. 옷은 꿰매지 않고 만들 수 없는 것이므로 그만큼 자연스럽고 아름다우면서 완벽하다는 뜻이에요. 그래서 천의무봉은 문장이나 사물에 아무런 흠이나 결점 없이 완전함을 나타낼 때 사용해요. 또한 아름답고 깨끗하게 행동하는 사람을 두고 일컫는 말이기도 해요.

天	衣	無	縫
하늘	옷	없을	꿰맬
천	의	무	봉

우공이산

우공이 산을 옮겨요

2학년 2학기 통합 교과 우리나라 – 우리나라와 이웃 나라
3학년 2학기 국어 6. 서로의 생각을 나누어요
6학년 1학기 사회 1. 우리 국토의 위치와 영역
6학년 2학기 사회 2. 세계 여러 지역의 자연과 문화

愚	公	移	山
어리석을	귀	옮길	산
우	공	이	산

옛날 북산에 우공이라는 사람이 살고 있었어요. 그는 아흔 살이 넘은 노인이었어요.

그런데 그의 집 앞에는 태행산과 왕옥산이라는 큰 산이 자리하고 있었어요. 그래서 우공과 그의 식구들은 다니기가 늘 불편했어요. 고민을 거듭하던 우공은 마침내 두 산을 집에서 멀리 옮기기로 결심하였어요.

그날 밤 그는 자신의 계획을 가족에게 털어놓았어요. 가족들은 우공의 생각에 찬성하며 기꺼이 돕겠다고 하였어요. 그런데 오직 그의 부인만은 코웃음을 쳤어요.

"그것이 말이 되는 소리요? 영감의 나이 어느덧 아흔이오. 산을 옮기는 일은 젊은 청년들에게도 기적과 같은 일인데 당신이 어찌 해낸단 말이오? 또 만일 그 산을 옮기게 된다 한들 그 많은 돌과 흙은 어디에 내다 버릴 작정이시오?"

하지만 우공은 자신을 못 미더워하는 아내의 말에도 아랑곳하지 않고 산을 옮기기 시작했어요. 아내를 제외한 다른 가족들도 우공을 도와 산에 박힌 돌을 골라내고 흙을 날랐어요. 우공의 열정이 어찌나 대단했는지 이웃집 어린 아이까지 우공을 도와 일을 거들 지경이었어요.

하지만 일은 매우 더디게 진행되었어요. 우공이 산에서 나온 돌과 흙을 발해만까지 한 번 가져다 버리는 데에는 꼬박 1년이 걸렸어요. 이 모습을 본 근처에 살던 한 노인도 우공의 아내처럼 우공을 비웃었어요. 그는 스스로 총명하다고 자부하는 사람으로 이름은 지수였지요.

"여보시오, 당신은 참으로 어리석구려. 지금 나이가 몇인데 산을 옮기겠다는 것이오. 산을 옮기기는커녕 풀 한 포기도 뽑지 못할 것 같소이다."

우공은 지수에게 대답했어요.

"모르는 소리 마시오. 어리석은 사람은 내가 아니라 당신이오. 내가 죽으면 내 아들이 산을 옮길 것이오, 내 아들이 죽으면 다시 그 아들이 옮길 것이니 자자손손 산을 옮기다 보면 언젠가는 산을 옮길 수 있지 않겠소?"

지수는 너무도 확신에 찬 우공의 태도에 할 말을 잃고 자리를 떠났어요.

한편 이 이야기를 들은 태행산과 왕옥산의 산신들은 자신들의 거처가 없어질까 겁이 났어요. 그래서 천신에게 우공을 말려 달라고 청했어요. 하지만 우공의 간절한 마음에 감동한 천신은 두 신을 보내 산을 옮겨 주도록 했어요. 드디어 집 앞을 가리던 커다란 산들이 사라지자 우공은 매우 기뻐하였어요. '우공이 산을 옮긴다'라는 뜻의 '우공이산'은 여기서 나왔어요. 그리고 우공이산은 '어떤 일이든 끊임없이 노력하면 반드시 이루어진다'는 의미로 쓰이게 되었어요.

지성이면 감천

우공이산과 비슷한 뜻을 가진 우리 속담으로는 '지성이면 감천'이 있어요. 이 말은 정성이 지극하면 하늘도 감동하게 된다는 뜻이에요. 무슨 일에든 정성을 다하면 아주 어려운 일도 순조롭게 풀려 좋은 결과를 맺는다는 의미를 담고 있어요. 흔히 사람들은 어려운 상황이 닥치면 쉽게 포기하거나 다른 사람을 원망해요. 하지만 그렇게 해서 해결되는 것은 아무것도 없어요. 오히려 더욱 최선을 다하고 정성을 보이면 반드시 그 보답을 받을 수 있어요.

큰 뜻을 이루고자 아끼는 사람을 버려요

읍참마속

2학년 2학기 통합 교과 우리나라 – 우리나라와 이웃 나라
6학년 1학기 사회 1. 우리 국토의 위치와 영역
6학년 2학기 사회 2. 세계 여러 지역의 자연과 문화

泣 斬 馬 謖
울 벨 말 일어날
읍 참 마 속

중국 삼국 시대의 일이에요. 촉나라의 제갈량이 이끄는 군대가 빠른 기세로 기산 땅까지 나아가 위나라 군대를 크게 무찔렀어요.

이 보고를 들은 위나라의 조조는 전세를 역전시키기 위해 고민하였어요. 그리고 마침내 사마의 장군을 급히 전쟁터에 보내기로 결정하였어요. 위나라의 명장 사마의는 20만 대군을 이끌고 즉시 기산으로 떠났어요. 그리고 부채꼴 모양의 진을 치고 촉나라 군대와 대치하였어요.

제갈량은 사마의에 맞서 싸울 장군을 찾았으나 마땅한 인물이 떠오르지 않앉어요. 그때 마속이 제갈량을 찾아왔어요.

"저를 보내 주십시오. 제가 가서 사마의의 목을 베어 올 것입니다."

제갈량은 선뜻 대답하지 못했어요. 마속은 제갈량이 그 누구보다 아끼는 친구이자 장수였기 때문이었어요.

"마속, 상대는 사마의일세. 사마의는 비록 늙었으나 경험이 깊고 여우처럼 꾀가 많으니 결코 만만치 않은 상대일세."

그러나 마속은 아랑곳하지 않고 거듭 간청하였어요.

"만약 제가 패하면 저는 물론이고 제 가족 모두가 참형을 당해도 원망하지 않겠습니다."

제갈량은 더 이상 아무 말도 할 수 없었어요. 그 대신 마속에게 이렇게 일렀어요.

"반드시 산기슭의 좁은 길을 지키기만 하게. 그래야 사마의를 이길 수 있으니. 혹 이 말을 어기고 패해 돌아온다면 아무리 자네라 할지라도 처벌을 피할 수 없을 것이네."

그러나 마속은 막상 싸움터로 나가자 제갈량의 말을 잊고 마음대로 작전을 바꾸었어요.

'이곳에는 삼면이 절벽을 이룬 산이 있으니 저 산에 진을 치면 되겠구나. 그렇게 적을 유인한 뒤 역공하면 큰 승리를 거둘 것이다.'

하지만 싸움은 마속의 뜻대로 되지 않았어요. 그의 작전과는 달리 위나라 병사들은 산 주위를 포위하고만 있을 뿐 올라와 공격할 생각이 없었던 거예요. 마음이 급해진 마속은 병사들에게 산을 뚫고 내려가 정면 승부를 하라고 명령했어요. 그러나 산속에서 오랜 시간 굶주려 있던 마속의 군대는 기운을 쓰지 못했고요. 결국 위나라 군대에 참패를 당하고 말았어요.

그 후 군대를 잃고 촉나라로 돌아간 마속은 군율에 의해 처형당했어요. 이를 지켜보던 제갈량은 몹시 괴로웠지요. 하지만 나라의 기강을 지키기 위한 일이라 생각하며 소리 없이 눈물을 흘렸어요. '눈물을 머금고 마속의 목을 베다'라는 뜻의 '읍참마속'은 이후 '큰 목적을 위해 자기가 아끼는 사람을 버리다' 혹은 '사사로운 정을 버려 법을 공정하게 지키다'라는 것을 일컫는 말이 되었어요.

상과 벌을 공평하게, 신상필벌

법을 제대로 집행하기 위해서는 사사로운 정을 버려야 할 뿐만 아니라 신상필벌도 공정해야 해요. 신상필벌이란 공이 있는 사람에게는 반드시 상을 주고 죄를 지은 사람에게는 반드시 벌을 준다는 말이에요. 상과 벌을 공정히 주어야 사람들은 믿음을 가지고 지도자를 잘 따르겠지요.

信	賞	必	罰
믿을	상줄	반드시	벌할
신	상	필	벌

일자천금

천금의 값어치가 있을 만큼 빼어난 글씨나 문장

2학년 2학기 통합 교과 우리나라 – 우리나라와 이웃 나라
6학년 1학기 사회 1. 우리 국토의 위치와 영역
6학년 2학기 사회 2. 세계 여러 지역의 자연과 문화

一	字	千	金
한	글자	일천	쇠
일	**자**	**천**	**금**

중국 전국 시대에 여불위라는 사람이 살고 있었어요. 그는 일개 상인 출신이었지만 타고난 재능과 노력으로 진나라의 재상이 되었어요. 그리고 어린 시절의 시황제가 작은아버지라 부를 정도로 권세와 이름을 떨쳤어요.

어느 날 여불위의 부하 중 한 명이 그에게 말했어요.

"재상께서는 왜 식객을 두지 않으십니까?"

"식객이라니?"

"세력이 있는 자의 집에서 먹고 자며 신세를 지는 이들 말입니다."

"내가 왜 그런 식객을 두어야 한단 말이냐?"

여불위는 의아한 표정을 지으며 부하에게 물었어요. 그러자 부하가 답했지요.

"요즘 내로라하는 세도가들은 저마다 식객을 두는 것이 자랑거리입니다. 문하에 식객을 많이 두면 둘수록 그 사람의 재력과 권세 또한 대단하게 여겨지니 말이지요. 벌써 제나라의 맹상군, 조나라의 평원군, 초나라의 춘신군, 위나라의 신릉군 등이 각각 천여 명의 식객을 거느리고 있다고 합니다. 특히 이들 중에는 글 읽는 선비가 많아 세도가들은 학식 있는 선비들을 가까이한다고 자랑입니다."

"아니, 그렇다면 이 여불위가 빠질 수는 없는 일 아니냐? 나는 이 나라의 재상이니만큼 그 누구보다도 많은 식객을 두어야겠다."

얼마 후 여불위는 무려 3천 명에 달하는 식객을 두었어요. 사람들은 여불위의 막강한 위세에 새삼 감탄하였어요.

"들었나? 여불위의 집에 머무는 식객이 3천 명이나 된다고 하는구먼."

"역시, 재상의 자리에 오른 분답게 배포 한번 크구러."

그러나 여불위는 거기에서 멈추지 않았어요. 조나라의 유학자인 순자가 수만 자의 저서를 지었다는 소문을 듣자 자신도 책을 편찬하고 싶은 욕심이 생겨난 거예요. 여불위는 즉시 자신의 식객 중에 문장에 뛰어나고 박식한 이들을 선발하여 20여만 자에 이르는 대작을 완성시켰어요. 그 책에는 천지 만물과 과거와 현재에 관한 모든 것이 포함되어 있었지요. 의기양양해진 여불위는 이 책의 이름을 『여씨춘추』라 짓고 그 책을 성문 밖에 진열하게 했어요. 그리고 그 위에 천금을 매달아 둔 뒤 사람들에게 알렸어요.

"누구든 이 책에서 한 글자라도 덧붙이거나 뺄 수 있는 사람에게 천금을 줄 것이다."

이처럼 여불위는 이 기회를 통해 자신의 힘과 재력을 더욱 뽐내고 유능한 사람을 불러 모으려 했던 거예요. '글자 하나의 값이 천금의 가치가 있다'는 뜻의 '일자천금'은 그 후 '아주 빼어난 시구나 문구'를 가리키는 말이 되었어요.

거만한 사람이 멋대로 행동하는 오만 방자

시황제 다음가는 권력자가 되어 세상에 두려운 것이 없는 여불위의 태도는 한마디로 오만 방자하다고 할 수 있어요. 오만 방자란 오만하고 방자하다라는 뜻이지요. 오만(傲慢)은 태도나 행동이 건방지거나 거만함을 의미하고, 방자(放恣)란 태도가 무례하고 건방짐을 의미해요. 하지만 여불위도 결국은 시황제와의 갈등과 오해로 인해 자살하면서 생을 마감했어요. 그래서 사람은 항상 자신을 살피고 겸손해야 하는 거예요.

傲	慢	放	恣
거만할	거만할	놓을	마음대로
오	만	방	자

절치부심
어찌나 분한지 이를 갈고 속을 썩여요

2학년 2학기 통합 교과 우리나라 – 우리나라와 이웃 나라
6학년 1학기 사회 1. 우리 국토의 위치와 영역
6학년 2학기 사회 2. 세계 여러 지역의 자연과 문화
6학년 2학기 도덕 7. 다양한 문화 행복한 세상

切	齒	腐	心
자를	이	썩을	마음
절	치	부	심

　훗날 시황제가 된 진나라의 왕자 정과 연나라의 왕자 단은 어릴 적부터 친구였어요. 그러나 단이 진나라에 볼모로 잡혀 있는 동안 정은 옛정을 잊고 그를 박대했어요. 이에 원한이 사무친 단은 고국으로 도망쳤어요. 연나라로 돌아온 그는 정에게 복수할 길을 모색하였지요. 하지만 약한 연나라로서는 별다른 방도가 없었어요.

　한편 진나라는 산동으로 군대를 이끌고 가, 제·초·한·위·조나라를 공격하여 영토를 확장하였고요. 그 기세를 몰아 연나라까지 쳐들어갈 참이었어요.

그때 진나라의 장군 번어기가 죄를 짓고 연나라로 망명해 왔어요. 단이 그를 받아들이자 그의 스승이었던 국무는 이를 말렸어요.

"진나라 왕인 정과 같이 흉포한 자는 번어기가 여기 있다는 것을 알면 필시 쳐들어올 것입니다. 속히 번어기를 흉노로 보내 그가 여기 있다는 소문을 없애십시오."

그러나 단은 스승의 말을 듣지 않았어요.

"번어기는 천하에 갈 곳이 없는 처지로 나에게 의탁한 것이오. 그러니 강대한 진나라의 협박 때문에 불쌍한 이를 저버리는 짓은 못하겠소. 차라리 내 목숨을 거는 편이 낫지요."

단이 고집을 꺾지 않자 국무는 한발 물러나 말했어요.

"정 그러시다면 전광 선생을 만나 의논해 보는 것이 어떻습니까? 그분은 지혜가 깊고 용감한 분이니 뭔가 새로운 방법을 생각해 낼 것입니다."

이윽고 단은 전광 선생을 만나 이야기를 나누었어요. 그리고 결국 사람을 보내 정을 암살하기로 뜻을 모았지요. 전광은 그 일을 맡을 인물로 형가를 추천하였어요. 형가는 진나라로 향하기 전에 단을 만나 이렇게 말했어요.

"제가 믿을 만한 징표를 가지고 있지 않으면 정을 만날 수 없을 것입니다. 정을 만날 수 없다면 그를 죽일 수도 없을 테지요. 듣기로 정은 번어기를 잡기 위해 단단히 벼르고 있다고 하니, 번어기의 머리를 바치면 저를 만나 줄 것입니다."

그러고는 직접 번어기를 찾아가 설득하였어요.

"장군의 부모와 친척도 모두 진나라에서 처형되었다고 들었습니다. 제게 장군의 원수를 갚고 연나라의 근심 또한 풀어 줄 수 있는 계책이 있다면 어쩌시겠습니까?"

"그것이 무엇입니까?"

"장군의 머리를 정에게 바치는 것입니다. 그러면 정은 틀림없이 저를 만나 줄 터입니다. 그러면 저는 단검으로 정의 숨통을 끊어 놓겠습니다."

"이제야말로 제가 원수를 갚지 못해 밤낮으로 이를 갈고 가슴을 치던 일을 해

복수는 나의 것, 칠신탄탄

절치부심은 와신상담과 비슷한 뜻을 가지고 있어요. 칠신탄탄 역시 이와 비슷한 뜻을 가졌는데요. 칠신탄탄이란 몸에 칠을 하고 숯을 삼키며 복수의 기회를 엿본다는 말이에요. 춘추 시대 진나라의 예양은 자신의 대장이 죽임을 당하자 원수를 갚겠다고 결심했어요. 그래서 몸에 옻칠을 하고 숯을 삼켜 벙어리처럼 변장했어요. 아무도 자신을 몰라보게 한 것이지요. 하지만 끝내 원수를 갚지 못하고 실패하여 자결하였어요.

漆	身	呑	炭
옻	몸	삼킬	숯
칠	신	탄	탄

결할 수 있게 되었습니다."

 번어기는 형가의 말에 팔을 걷어 올리며 주먹을 움켜쥐고 말한 뒤 한 치의 망설임 없이 자결하였어요. 결국 형가는 번어기의 머리를 함에 싸서 진나라로 떠났어요. 그리고 계획대로 정을 만났지요. 하지만 일은 실패로 돌아가 형가는 진왕에 의해 죽고 말았답니다. 여기에서 나온 '이를 갈고 마음을 썩이다'라는 뜻의 '절치부심'은 '대단히 분하고 원통하게 여기다'라는 의미예요. 오늘날 복수심에 불타는 마음을 표현할 때 쓰이게 되었어요.

점입가경
일이 점점 더 재미있게 변해 가요

2학년 2학기 통합 교과 우리나라 – 우리나라와 이웃 나라
2학년 2학기 통합 교과 겨울 – 겨울 2
3학년 2학기 국어 6. 서로의 생각을 나누어요
6학년 1학기 사회 1. 우리 국토의 위치와 영역
6학년 2학기 사회 2. 세계 여러 지역의 자연과 문화

漸	入	佳	境
점점	들	아름다울	지경
점	**입**	**가**	**경**

중국 위·진·남북조 시대의 동진 사람인 고개지의 이야기예요. 고개지는 초상화와 인물화에 뛰어난 재능을 가진 화가였어요. 그가 사람을 그리면 그림 속 사람의 눈에서 빛이 뿜어져 나오는 듯했지요. 그래서 그의 그림을 구경하려고 전국에서 사람들이 구름처럼 몰려들었어요. 그런데 그는 인물을 그리면서 눈동자를 찍지 않는 경우가 많았어요. 이를 의아하게 여긴 사람들이 어찌하여 눈동자를 그려 넣지 않느냐고 물었어요. 그러자 고개지는 다음과 같이 대답하였어요.

"만약 눈동자를 찍으면 살아서 말을 할 텐데 어디 함부로 그리겠소."

한편 고개지는 성격이 특이하고 남다른 면이 있어 당시의 풍속과 맞지 않는 독특한 말과 행동을 일삼기도 하였어요. 그래서 사람들은 그를 글솜씨, 그림 솜씨, 미친 짓 이 세 가지에 뛰어난 인물이라 하여 '삼절'이라고도 하였어요. 또 고개지는 사탕수수를 매우 좋아했어요. 그런데 희한하게도 늘 단맛이 덜한 가느다란 줄기부터 먹었어요. 친구들은 고개지의 그러한 행동을 이상하게 여겼어요.

"자네는 사탕수수를 항상 덜 단 부분부터 먹던데 무슨 까닭인가?"

그러자 고개지가 태연한 얼굴로 말했어요.

"그야 갈수록 좋은 경치가 보고 싶듯 갈수록 단맛을 느끼고 싶어 그렇다네."

여기에서 '점입가경'이란 말이 나왔는데요. 이 말이 후대에 전해져 '어떤 일이 점점 더 재미있는 상황이 됨'을 뜻하거나 '시간이 갈수록 하는 짓이나 몰골이 더욱 꼴불견임'을 비유하는 말로 쓰이게 되었어요.

엎친 데 덮친 격, 설상가상

설상가상은 눈 위에 또 서리가 내린다는 뜻이에요. 즉 이루 말할 수 없이 추운 상황이지요. 또 난처한 일이나 불행한 일이 잇따라 일어남을 이르는 말이기도 해요. 우리 속담 중 '엎친 데 덮친 격'과 비슷한 의미예요.

雪	上	加	霜
눈	윗	더할	서리
설	상	가	상

우물 안 개구리

정중지와

2학년 2학기 통합 교과 우리나라 – 우리나라와 이웃 나라
3학년 2학기 국어 6. 서로의 생각을 나누어요
3학년 2학기 과학 2. 동물의 세계
5학년 1학기 사회 1. 하나 된 겨레
6학년 1학기 사회 1. 우리 국토의 위치와 영역
6학년 2학기 사회 2. 세계 여러 지역의 자연과 문화

井	中	之	蛙
우물	가운데	~의	개구리
정	중	지	와

　전한을 멸망시킨 왕망이 세운 신나라에 마원이라는 사람이 있었어요. 마원은 외효라는 사람의 눈에 들어 그의 부하가 되었지요.

　그 무렵 공손술은 촉나라 땅에 성나라를 세웠어요. 그리고 스스로 황제라 칭하며 세력을 키워 나갔어요. 외효는 그가 어떤 인물인지 알아보기 위해 공손술의 옛 친구인 마원을 공손술에게 보냈어요. 마원은 공손술이 자신을 반갑게 맞아 주리라 믿고 즐거운 마음으로 찾아갔어요.

국어 왕이 되는 고사성어

마원이 성나라에 도착했을 때 공손술은 높은 계단 위에 올라 앉아 있었어요. 그리고 그 아래로는 무장한 군사들을 줄 맞춰 세워서 자신의 위세를 과시하고 있었어요. 하지만 마원은 애써 웃으며 인사를 건넸어요.

"이보게, 공손술. 나 마원일세. 자네를 보기 위해 먼 길을 달려왔다네."

"마원?"

"공손술, 나를 못 알아보겠나? 어릴 적 함께 놀던 친구 말일세."

공손술을 마원을 위아래로 훑어보더니 겨우 입을 열었어요.

"오, 이제 기억이 나는 것 같구나. 그래, 무슨 일로 나를 찾아왔지?"

"자네가 이곳에 나라를 세웠다고 하여 들러 보았네. 참 대단한 일을 했구먼."

마원은 공손술의 거만한 태도가 마음에 들지 않았지요. 하지만 혹여 일을 그르칠까 봐 꾹 참고 그의 비위를 맞춰 주었어요. 그러자 기분이 좋아진 공손술은 마원에게 물었어요.

"이왕 내 나라를 방문하였으니 옛 우정을 생각해서 마원 자네를 장군에 임명할까 하네. 자네는 어찌 생각하는가?"

그러자 마원은 속으로 생각하였어요.

'예를 갖추어 인재를 맞이할 생각은 하지 않고 허세만 부리고 있구나. 천하의 승부는 아직 결정되지도 않았는데 무엇을 믿고 저리 방자한고. 저런 자는 세상을 다스릴 자격이 없다.'

공손술에게 정중히 장군 자리를 거절한 마원은 서둘러 신나라로 발걸음을 옮겼어요. 마원이 신나라에 도착하자 외효는 즉시 그를 불러들였어요. 그리고 공손술의 됨됨이를 자세히 물어보았어요. 그러자 마원은 거침없이 말했어요.

"공손술은 좁은 촉나라 땅에서 으스대는 재주밖에 없는 우물 안 개구리였습니다. 그자와 손을 잡아서는 우리에게 득 될 것이 하나도 없습니다."

이로써 외효는 공손술과 손잡을 생각을 버리고 훗날 후한의 시조 광무제가 되는 유수와 동맹을 맺었어요. '우물 안 개구리'라는 뜻의 '정중지와'는 세상 물정을 모르는 '학식과 견문이 좁은 사람'을 뜻하는 말로 쓰이고 있어요.

바다를 이해하지 못한 개구리와 독불장군

정중지와를 우리 속담으로 하면 '우물 안 개구리'예요. 어느 날 우물 안에 사는 개구리가 자라를 만났어요. 개구리는 바다에 사는 자라에게 우물이 얼마나 살기 좋은 곳인지 잘난 척했어요. 그러자 자라는 개구리에게 바다를 이야기해 주었어요. "천 리의 거리로도 바다의 크기를 다 표현할 수 없고 천 길의 높이로도 바다의 깊이를 표현할 수 없단다." 이 말을 들은 개구리는 충격을 받아 넋을 잃었어요. 이와 비슷한 말로는 저 혼자 잘난 체하며 뽐내다 고립된 처지에 놓인 사람을 뜻하는 독불장군이 있어요.

獨	不	將	軍
홀로	아닐	장수	군사
독	불	장	군

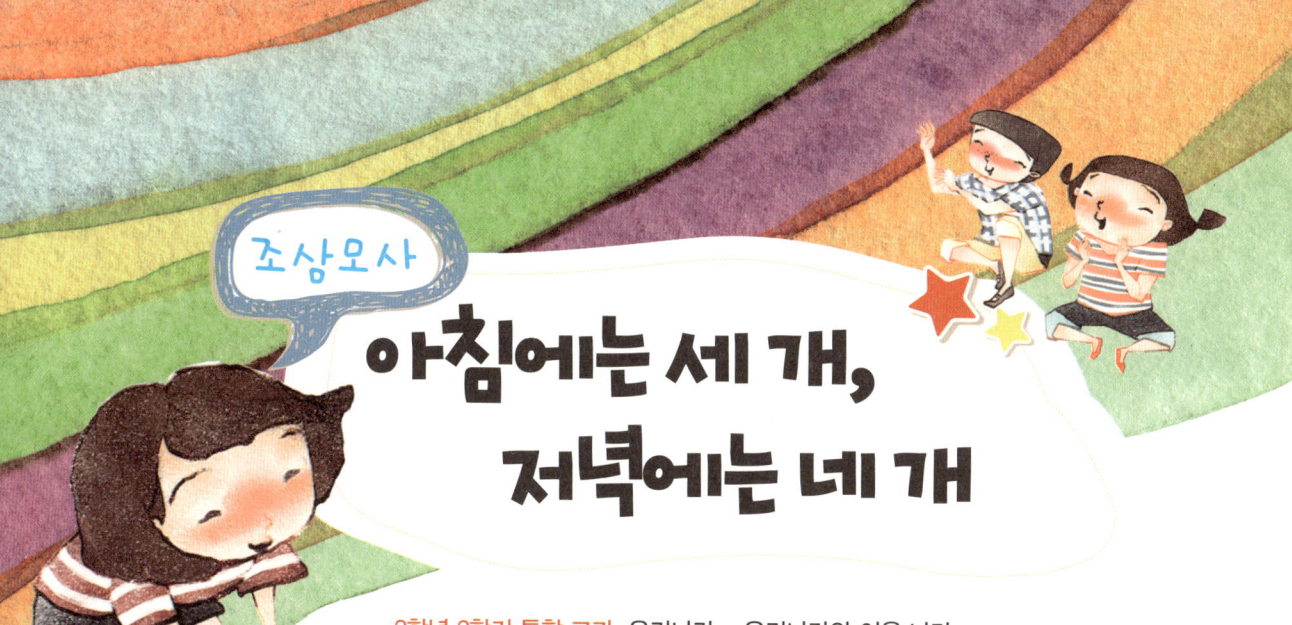

2학년 2학기 통합 교과 우리나라 – 우리나라와 이웃 나라
5학년 1학기 사회 2. 다양한 문화를 꽃피운 고려
6학년 1학기 사회 1. 우리 국토의 위치와 영역
6학년 2학기 사회 2. 세계 여러 지역의 자연과 문화

朝	三	暮	四
아침	석	저물	넉
조	삼	모	사

중국 송나라 때 저공이란 사람이 살고 있었어요. 저공은 셀 수 없이 많은 원숭이를 기르고 있었어요. 그는 원숭이를 매우 사랑하여 가족들이 먹을 음식까지 원숭이에게 모두 가져다줄 정도였어요. 때문에 마을 사람들은 종종 저공을 이렇게 놀리고는 했어요.

"가끔 보면 저공은 가족들보다 원숭이를 더 귀하게 여기는 것처럼 보인다니까."

"맞아, 어쩌면 친자식보다 원숭이가 더 귀엽게 느껴지는지도 모르지."

그러나 사람들의 짓궂은 말에도 저공은 허허 웃으며 대답했어요.

"나와 내 원숭이들은 단순히 주인과 짐승의 사이가 아닐세. 비록 대화를 나눌 수는 없을망정 우리는 서로 마음을 통하고 있다네."

그러던 어느 날 저공에게 골치 아픈 고민이 생겼어요. 그가 기르는 원숭이의 수가 워낙 많다 보니 먹이를 대기가 점점 버거워진 거예요.

마침내 저공은 원숭이에게 나누어 줄 먹이를 줄이기로 결심했어요. 배가 고플 원숭이들을 생각하면 가슴이 아팠지요. 하지만 이렇게라도 하지 않으면 거리에 내앉을 위기에 처했기 때문이었어요.

다음 날 아침에 저공은 원숭이들을 모아 놓고 이렇게 말했어요.

"너희에게 나누어 주는 도토리를 앞으로는 아침에 세 개, 저녁에 네 개씩 줄 작정인데 어떠하냐?"

갑작스러운 저공의 이야기에 원숭이들은 꽥꽥 소리를 질러 댔어요. 아침에 도토리 세 개로는 배가 차지 않는다는 것이었어요. 그러자 저공은 한 가지 꾀를 내어 원숭이들에게 다시 말했어요.

"자, 조용히 하여라. 내 보기에 너희에게 불만이 많은 것 같구나. 그러니 이렇게 하면 어떻겠느냐? 아침에 네 개, 저녁에 세 개씩 도토리를 나누어 주겠다."

그러자 원숭이들은 기쁨의 환호를 질렀어요. 저공은 그 모습을 지켜보며 속으로 웃음을 참았어요. 사실 '아침에 세 개, 저녁에 네 개'나 '아침에 네 개, 저녁에 세 개'나 하루에 먹는 도토리의 수는 일곱 개로 같은 양이에요. 하지만 원숭이들은 생각이 짧았어요. 자신들이 속는 줄도 모르고 모두 만족하며 아무런 불평도 하지 않은 거예요. 이 이야기에서 나온 말이 '아침에는 세 개, 저녁에는 네 개'라는 뜻의 '조삼모사'예요. 이 말은 '간사한 꾀로 남을 현혹시키다'라는 의미와 '당장 눈앞의 이익만 생각해 결과가 같음을 모르는 어리석음'을 비유하는 말로 쓰이게 되었어요.

아침저녁으로 바뀌는 조변석개

조삼모사의 조(朝) 자는 아침이라는 뜻이고요. 모(暮) 자는 저물다라는 뜻으로 하루해가 저무는 저녁을 뜻해요. 이처럼 아침과 저녁을 의미하는 한자어가 들어간 또 다른 말로는 조변석개가 있어요. 조변석개는 아침에 바꾼 것을 저녁에 다시 고친다는 뜻이에요. 이는 계획이나 결정을 일관성 없이 자주 고치는 것을 말해요. 다른 말로는 조석지변이라고 해요.

朝	變	夕	改
아침	변할	저녁	고칠
조	변	석	개

주지육림

술로 만든 연못과 고기로 만든 숲

2학년 2학기 통합 교과 우리나라 – 우리나라와 이웃 나라
6학년 1학기 사회 1. 우리 국토의 위치와 영역
6학년 2학기 사회 2. 세계 여러 지역의 자연과 문화

酒	池	肉	林
술	못	고기	수풀
주	지	육	림

    중국 은나라의 주왕은 자신이 정복한 나라에서 공물로 바친 달기라는 여인에게 한눈에 반했어요. 달기는 자신의 아름다운 외모를 무기 삼아 주왕을 마음대로 조종하였어요. 주왕은 달기에게 보석과 상아로 장식한 화려한 궁전을 지어 주었고요. 옥으로 만든 침대도 선물로 주었어요. 또한 달기의 요구에 따라 각 지방에서 가려 뽑은 3천 명의 무용수들에게 오색찬란한 옷을 입혀 날마다 춤을 추게 하였어요.

    상황이 이렇게 되자 신하들 중 몇몇은 주왕을 찾아 바른말을 하였어요.

    "이대로 달기의 요구를 모두 들어주시면 안 됩니다. 달기는 허영이 가득 찬 속

물이오니 부디 멀리하시고 언행을 점검하시옵소서."

하지만 주왕은 이 말을 듣자 오히려 화를 냈어요. 게다가 바른말을 하는 신하들을 멀리 내쫓아 버렸어요.

그러던 어느 날, 달기는 주왕에게 또 한 가지 청을 하였어요.

"왕이시여, 요즘 너무나 가지고 싶은 것이 생겼나이다."

"오, 무엇이든 말해 보시오. 내 그대를 위해서라면 못할 일이 없으니."

"저를 위해 궁궐 마당에 큰 연못을 파고 그 바닥에 흰 모래를 깔아 향기로운 술을 가득 채워 주십시오. 그리고 연못 둘레에는 말린 고기를 걸친 동산을 쌓아 숲을 만들면 더욱 좋겠습니다."

주왕은 달기의 말이 끝나기가 무섭게 궁궐에 연못을 만들도록 명령하였어요. 이윽고 궁궐에는 술이 가득 담긴 연못과 고기로 만든 숲이 만들어졌어요. 주왕과 달기는 그 연못에 배를 띄우고 연못 둘레에 쌓인 고기를 즐기며 사치스러운 생활을 계속해 나갔어요.

그러는 동안 은나라의 사정은 안팎으로 피폐해져 갔어요. 국력은 날이 갈수록 쇠약해지고 백성들의 생활은 어려워져 갔어요.

"우리는 당장 오늘의 끼니를 걱정하고 있는데, 왕은 여인에게 빠져 허우적대고 있구나! 참으로 한심한 노릇이다."

"이대로 가다간 나라가 망할 일만 남았으니 우리는 어찌해야 좋은가!"

이렇듯 민심을 잃은 주왕은 훗날 주나라 무왕에 의해 죽고 말았어요. 여기에서 '술로 연못을 이루고 고기로 숲을 이룬다'는 '주지육림'이란 말이 생겼어요. 이 말은 '호화롭고 사치스러운 술잔치'를 의미하는 말로 사용되고 있어요.

연산군과 흥청망청

흥청망청이라는 말은 조선 제10대 임금인 연산군 때 만들어진 말이에요. 흥청망청은 흥에 겨워 돈이나 물건 따위를 마음껏 쓰며 즐기는 모양을 뜻해요. 연산군은 전국의 기생들을 불러 모았어요. 그리고 오늘날의 국립대학에 해당하는 성균관과 고려 때부터 전해 내려온 사찰 원각사 등에서 마음에 드는 기생을 골라서 유흥을 즐겼어요. 이때 궁으로 불려 들어온 기생들을 흥청이라 하였는데요. 당시 사람들은 이를 빗대어 흥청에 망한다는 뜻으로 "흥청이 망청이다"라고 말했어요. 바로 여기서 흥청망청이란 말이 나왔어요.

죽마고우
어릴 때부터 같이 놀며 자란 친구

2학년 2학기 통합 교과 우리나라 – 우리나라와 이웃 나라
6학년 1학기 사회 1. 우리 국토의 위치와 영역
6학년 2학기 사회 2. 세계 여러 지역의 자연과 문화

竹	馬	故	友
대	말	옛	벗
죽	**마**	**고**	**우**

중국 진나라 제12대 황제 간문제 때의 일이에요.

간문제에게는 환온이라는 신하가 있었는데요. 환온은 간문제보다 더 백성들에게 존경을 받았어요. 그러던 중 환온이 촉나라 땅까지 평정하고 돌아오자 그 인기는 하늘 높은 줄 모르고 치솟았어요. 이에 간문제는 환온을 시기했어요.

간문제는 환온을 견제하려고 했어요. 그래서 학식과 도량에서 환온에 버금가는 명망을 가진 은호라는 사람을 높은 벼슬에 앉혔어요.

원래 은호와 환온은 어린 시절부터 친한 친구였는데요. 은호가 벼슬길에 오른 그날부터 두 사람은 정적이 되어 사이가 벌어지고 말았어요.

그때 간문제는 이웃 나라를 치고자 은호를 장군으로 삼아 전쟁터로 내보냈어요. 간문제의 명령을 받은 은호는 즉시 군대를 이끌고 전쟁에 나섰지만 도중에 말에서 떨어져 큰 부상을 당했어요. 그리하여 제대로 싸워 보지도 못한 채 전쟁에 패해 돌아왔어요.

그러자 환온은 이를 구실 삼아 간문제에게 고했어요.

"은호는 적을 물리치기는커녕 오히려 당하고 돌아왔으니 이는 처벌받아 마땅합니다."

이에 간문제는 환온의 말을 무시할 수가 없어서 은호를 변방으로 귀양을 보냈어요. 은호가 귀양을 떠나자 환온은 주변 사람들에게 이렇게 말했어요.

"은호는 원래 어릴 때 나와 죽마를 타고 같이 놀던 친구였다네. 내가 죽마를 버리면 언제나 은호가 주워 가지곤 했지. 그러니 은호가 내 아래에 머리를 숙여야 하는 것은 당연한 일 아닌가."

그 후 시간이 흐르자 환온은 은호에게 미안한 마음이 들었어요. 그리하여 그는 은호에게 낮은 벼슬자리라도 주고자 편지를 보냈어요.

먼 지방에서 고달픈 귀양살이를 하던 은호는 환온의 편지를 받고 매우 기뻐하였어요. 그래서 승낙한다는 답장을 보냈어요.

그런데 환온은 은호의 편지를 받아 보고는 깜짝 놀랐어요. 은호가 그만 실수로 빈 봉투만 보냈던 것이었어요.

"이게 뭐야, 정작 내용이 적힌 편지는 없고 빈 봉투만 있지 않은가?"

환온은 은호가 자신에게 장난을 친 것으로 오해하고 몹시 화가 났어요. 그리하여 그는 끝내 우정을 저버리고 평생 은호를 상대하지 않았어요. '대나무로 만든 말을 타고 놀던 옛 친구'라는 뜻의 '죽마고우'는 이렇게 환온의 말에서 나왔어요. 그래서 이 말은 오늘날까지 '어릴 때부터 같이 놀며 자란 친구'를 의미해요. 옛 친구를 가리키는 말로 가장 많이 쓰이고 있어요.

종이가 생기기 전에는 죽간으로

죽간이란 종이가 발명되기 전에 글자를 기록하던 대나무 조각 또는 대나무 조각을 엮어서 만든 책을 말해요. 죽간을 만들기 위해서는 우선 대나무의 마디를 잘라 낸 다음 마디 부분을 세로로 쪼개지요. 그리고 만들어진 대나무 때는 불을 쬐어 벌레 먹는 것을 방지하였어요. 죽간의 길이는 20~25센티미터였고 너비는 겨우 한 줄밖에 쓰지 못할 정도로 좁았어요. 그렇기 때문에 여러 장을 합친 다음 가죽 또는 비단으로 묶어 사용하였어요. 진나라의 시황제가 시행했던 분서갱유 때 태워 버린 책도 바로 이 죽간이었어요.

사슴더러 말이라고 우겨요

지록위마

2학년 2학기 통합 교과 우리나라 – 우리나라와 이웃 나라
3학년 1학기 국어 7. 아는 것을 떠올리며
3학년 2학기 과학 3. 혼합물의 분리
6학년 1학기 사회 1. 우리 국토의 위치와 영역
6학년 2학기 사회 2. 세계 여러 지역의 자연과 문화

指	鹿	爲	馬
가리킬	사슴	할	말
지	록	위	마

중국을 통일하고 위세를 떨쳤던 진나라 시황제가 쉰 살의 나이로 병들어 죽었어요. 이때 시황제는 태자 부소에게 다음 왕위를 물려준다는 유언을 남겼어요. 하지만 부소는 당시 권력을 쥐고 있던 이사와 환관 조고의 손에 목숨을 잃었어요. 그래서 대신 그의 동생인 호해가 왕위를 이었지요. 그러나 호해는 어린 데다 매우 어리석은 인물이었어요.

환관 조고는 그런 호해 뒤에서 그를 교묘히 조종하기 시작했어요. 그리하여 경쟁자인 이사는 물론이거니와 시황제의 신하들까지 모두 제거하였어요. 그래서 조고는 이제 세상에서 거리낄 것이 없었어요. 그러나 조고는 이 정도에서 만족하지 못하고 자신이 직접 권력을 잡고 싶은 마음이 생겼어요.

'만약 내가 반역을 꾀하려 할 때 관리들 가운데 가장 반대할 만한 사람은 누구일까?'

조고는 그 사람을 가려내기 위해 계략을 꾸몄어요.

어느 날 조고는 사슴 한 마리를 가져와 호해에게 바쳤어요. 그리고 이렇게 말

콩을 팥이라고 우기는 막무가내

조고가 사슴을 말이라고 우길 때 사람들은 모두 진실이 무엇인지 알고 있었어요. 그러나 두려움 때문에 반박하지도 사실을 밝히지도 못했지요. 이처럼 자신의 권세를 이용해 막무가내로 콩을 팥이라고 우기는 것, 즉 힘을 이용해 사람들을 농락하는 것을 바로 지록위마라고 해요. 사실과 다른 것도 억지스럽게 고집을 부려 내세움을 비유적으로 뜻하는 말이지요. 그리고 농락이란 새장과 고삐라는 뜻인데요. 남을 교묘한 꾀로 휘어잡아서 제 마음대로 놀리거나 이용하는 것을 말하지요.

莫	無	可	奈
없을	없을	옳을	어찌
막	무	가	내

했어요.

"폐하, 아주 보기 드문 좋은 말을 바치오니 거두어 주시오소서."

그러자 호해가 어이없다는 듯 웃으며 답했어요.

"농담도 참 잘하시오. 사슴을 가리켜 말이라고 하다니."

"아니옵니다. 폐하, 이것은 틀림없는 말이옵니다. 어찌 말을 보고도 사슴이라 하시나이까?"

조고가 계속해서 억지를 부리자 호해는 어리둥절하 "신들은 모두 이것을 보시

줏대 없는 부화뇌동

뇌동(雷同)이란 우레가 울리면 만물도 따라 울린다는 뜻이에요. 다른 사람의 말에 대해 옳고 그름을 판단하지 않고 따르는 것을 말하지요. 또한 부화(附和)는 제 주장 없이 경솔하게 남의 의견을 따름을 가리키는 것으로 이후에 더해진 말이에요. 그래서 부화뇌동은 뇌동이라고도 불러요. 결국 부화뇌동은 줏대 없이 남의 의견에 따라 움직임을 의미해요. 살다 보면 때에 따라 자신이 생각하는 바를 강하게 주장할 필요도 있어요. 그렇지 않으면 자칫 줏대 없는 사람이 될 수도 있으니까요.

附	和	雷	同
붙을	화할	우레	같을
부	화	뇌	동

오. 호해가 가져온 이 사슴이 정녕 말로 보인단 말이오?"

그러자 뜻밖에도 대부분의 신하가 말로 보인다고 대답하였어요. 사실대로 사슴이라고 말하는 신하는 한두 명뿐이었어요.

"참으로 묘한 일이로구나. 그렇다면 내가 벌써 눈이 멀었단 말인가!"

호해는 기가 막혔지만 어쩔 도리가 없어 조용히 넘어갔어요.

이때 조고는 자신에게 반대한 사람들을 잘 기억해 두었어요. 그리고 나중에 무고하게 죄를 씌워 목숨을 잃게 하였어요. 그 일이 있은 후부터 궁중에서는 조고의 말이라면 누구도 감히 반대하려 드는 사람이 없게 되었지요.

훗날 조고는 호해까지 위협하여 스스로 목숨을 끊게 만들었어요. 그러나 부소의 아들인 자영에 의해 죽게 되어 생을 끝냈지요. 여기에서 '사슴을 가리켜 말이라고 한다'는 뜻의 '지록위마'는 '간사한 꾀로 윗사람을 농락하고 권세 부리는 것'을 비유하는 말이 되었어요.

하늘은 높아지고 말은 살찌는 계절

1학년 2학기 통합 교과 가을 – 추석
2학년 2학기 통합 교과 우리나라 – 우리나라와 이웃 나라
5학년 1학기 사회 1. 하나 된 겨레
6학년 1학기 사회 1. 우리 국토의 위치와 영역
6학년 2학기 사회 2. 세계 여러 지역의 자연과 문화

天	高	馬	肥
하늘	높을	말	살찔
천	고	마	비

    옛날 중국의 북방에는 흉노 족이 살고 있었어요. 이들은 주나라, 진나라, 한나라를 거쳐 6조 시대에 이르기까시 북쪽 변경 지대를 장악했고요. 때로는 중국 땅 깊숙이 쳐들어가기도 하였지요. 이들의 공격이 어찌나 사나웠던지 진나라의 황제였던 시황제는 이에 대비하여 다음과 같은 명령을 내릴 정도였어요.

    "여봐라! 만 리를 잇는 대성벽을 쌓아라! 그리하면 흉노 족의 공격을 경계할 수 있을 것이다."

이것이 바로 인류 역사상 가장 거대한 군사 시설로 일컫는 만리장성이에요.

하지만 만리장성도 흉노 족의 침입을 막는 완벽한 해결책이 되지는 않았어요. 흉노 족은 수렵과 더불어 풀이 우거진 드넓은 초원에서 말을 방목하고 살아요. 봄과 여름에는 흉노 족의 말은 울창하게 자란 풀을 배불리 뜯어 먹을 수 있었어요. 그리고 하늘이 더없이 청명해진 가을이 되면 통통하게 살이 찌고 단단한 근육이 보기 좋게 올라붙었어요.

하지만 양식을 구할 수 없는 긴 겨울에는 흉노 족도 어찌할 방도가 없었어요. 그래서 말을 방목하는 민족답게 남녀노소 할 것 없이 누구나 말타기에 능한 것을 이용해 남쪽 지방으로 먹을 것을 구하기 위해 내려왔어요.

흉노 족이 미리 겨울 식량을 마련하기 위해 남쪽으로 내려와 곡물을 약탈해 가곤 하는 시기는 바로 가을이었어요. 그러므로 하늘은 높고 말은 살찌는 계절, 즉 천고마비의 계절인 가을은 흉노 족에게는 식량을 수확하는 시기였지만 한족에게는 흉흉한 전쟁의 신호이기도 하였어요.

당나라의 시인 두심언은 흉노 족의 침입에 대비해서 군사로 북녘에 가 있는 친구 소미도가 하루빨리 돌아오기를 바라며 다음과 같은 시를 지었어요.

구름은 깨끗한데 요사스러운 별 떨어지고
가을 하늘은 높고 변방의 말은 살찌는구나.

결국 두심언의 이 시구에서처럼 처음에 '하늘이 높고 말이 살찐다'의 '천고마비'는 결코 긍정적인 의미가 아니었어요. 오히려 천고마비가 되면 흉노 족이 쳐들어오니 두려움의 표현이었어요. 하지만 지금은 풍요로운 결실을 의미하는 말로 널리 사용되고 있어요. 또 우리나라에는 추석이 있는 가을을 '천고마비의 계절'이라고 부르지요.

인류 최대의 토목 공사, 만리장성

인류 최대의 토목공사라 불리는 만리장성은 총길이가 약 5,000~6,000킬로미터에 이르는 성벽이에요. 원래 만리장성은 춘추 시대부터 북방 민족의 침입을 막기 위해서 세우기 시작했어요. 이것을 통일 왕국인 진나라의 시황제가 증축하였고요. 명나라 때 몽골의 침입을 막기 위해 대대적으로 확장하였어요. 오늘날 만리장성은 중국을 대표하는 유적으로 손꼽히고 있어요.

청출어람
스승보다 더 훌륭한 제자

2학년 2학기 통합 교과 　우리나라 - 우리나라와 이웃 나라
6학년 1학기 사회 　1. 우리 국토의 위치와 영역
6학년 2학기 사회 　2. 세계 여러 지역의 자연과 문화
6학년 2학기 도덕 　7. 다양한 문화 행복한 세상

青	出	於	藍
푸를	날	~에	쪽
청	출	어	람

중국 전국 시대의 이야기예요. 북조의 북위에 이밀이라는 사람이 살고 있었어요. 그는 어려서 공번을 스승으로 삼아 학문을 익혔어요. 공번은 북조의 저명한 학자로 학식과 인덕이 높았어요. 또한 제자들을 가르치는 일에도 매우 열심이었어요.

이밀 또한 매우 총명하고 학문을 게을리하지 않는 인물이어서 스승 공번의 가르침을 잘 이해하였어요. 어느덧 이밀은 여러 방면에서 공번을 능가할 정도가 되었고요. 그 실력을 바탕으로 자신의 사상을 세우기에 이르렀어요.

어느 날 공번이 이밀에게 말했어요.

"자네는 이제 학문을 통달한 지경에 이른 것 같으니 지금부터는 내가 도리어 자네에게 배움을 청해야 할 듯싶네."

그러자 이밀은 스승의 말에 당황하여 손사래를 치며 말했어요.

"스승님, 어찌하여 그런 말씀을 하십니까? 참으로 가당치 않은 말씀이십니다. 제가 감히 스승님을 능가할 수는 없는 일이지요. 이러지 마십시오."

그러나 공번은 조용히 웃으며 대꾸했어요.

"성인에게는 정해진 스승이 없으며, 자네가 나보다 하나라도 뛰어난 점이 있다면 나이에 관계없이 내 스승이 될 수 있다네. 그러니 내게 격식을 차리지 않아도 된다네."

순자가 주장한 성악설

순자는 중국 전국 시대 말기의 사상가예요. 맹자의 성선설을 비판하고 성악설을 제기하였어요. 성악설은 인간의 본성은 악하다고 보는 것이지요. 그래서 순자는 사람의 이기적인 욕망을 잠재우고 사회적 혼란을 막기 위해서는 후천적으로 끊임없이 수양하고 예를 쌓아야 한다고 주장하였어요.

그 후 이 사실이 세상에 알려지자 사람들은 스승 공번의 용기와 신념을 높이 칭송하였어요. 그리고 훌륭한 제자를 두었다는 뜻에서 '쪽 풀에서 뽑아낸 푸른 물감이 쪽빛보다 더 푸르다'며 '청출어람'이라고 칭송하였어요. 이 말은 본디 전국 시대의 사상가 순자가 자신의 책 『순자』에서 '학문을 도중에 그쳐서는 안 된다'는 의미로 쓴 글이에요. 그 내용은 다음과 같아요.

푸른색은 쪽에서 취했지만 쪽빛보다 더 푸르고
얼음은 물이 이루었지만 물보다 더 차다.

이 말은 학문을 계속하면 스승을 뛰어넘는 학문의 깊이를 가진 제자가 나타날 수 있다는 말이에요. 여기에서 나온 청출어람은 '제자나 후배가 스승이나 선배보다 나음'을 비유적으로 일컫는 말로 쓰이고 있어요.

칠종칠금
일곱 번 잡았다가 놓아 줄 만큼 마음대로 다뤄요

2학년 2학기 통합 교과 우리나라 – 우리나라와 이웃 나라
6학년 1학기 사회 1. 우리 국토의 위치와 영역
6학년 2학기 사회 2. 세계 여러 지역의 자연과 문화

七	縱	七	擒
일곱	놓을	일곱	사로잡을
칠	**종**	**칠**	**금**

중국 삼국 시대의 일이에요. 어느 날 유비는 지독한 병에 걸려 몹시 앓았어요. 병세가 점점 악화되자 유비는 제갈량을 불러들였어요.

"그대도 알다시피 내 목숨은 이제 얼마 남지 않은 것 같소."

"아닙니다. 마음을 굳게 잡수셔야 합니다."

"괜한 소리로 위로하지 마시오. 그보다는 내 이루지 못한 일이 하나 있소."

"그것이 무엇입니까?"

"위나라를 굴복시키지 못한 것이오. 그러니 나 대신 위나라를 꼭 멸하여 주기 바라오. 그리고 삼국을 통일해 주시오."

"알겠습니다. 태자이신 유선을 도와 주군의 바람을 꼭 실현시키겠나이다."

이것이 유비와 제갈량이 나눈 마지막 대화였어요.

유비가 세상을 떠나자 제갈량은 그 뒤를 이은 유선을 지극 정성으로 보필했어요. 하지만 유선은 아직 나이가 어렸어요.

그때 각지에서 반란이 일어났어요. 그중 가장 큰 골칫거리는 서남쪽에서 들고 일어난 오랑캐였어요. 이때 제갈량은 이들을 물리치기 위한 방법을 생각해 냈어요. 그것은 바로 적진에 유언비어를 퍼뜨려 반란군끼리 서로 싸우도록 유도하는 것이었어요.

제갈량의 묘책은 잘 맞아떨어져 반란군은 자기들끼리 다투게 되었어요. 그리고 그 결과로 반란군의 장군이었던 맹획을 사로잡게 되었어요. 하지만 이것으로 모든 상황이 해결된 것은 아니었어요. 비록 맹획은 오랑캐였지만 그의 부하들이 높이 받드는 훌륭한 장군이었어요. 그래서 제갈량은 그를 죽이는 것은 소용이 없다고 판단하여 다른 방법을 물색하기 시작했어요.

제갈량과 친분이 두터운 장군 마속이 그를 찾아와 말했어요.

"지금 쓸 최상의 책략은 심리전입니다. 심리전을 써서 적군은 물론이고 백성의 마음을 감동시켜 우리 편으로 끌어들여야 합니다. 그러니 승상께 청하건대, 적들의 마음을 먼저 정복하소서."

제갈량은 마속의 생각에 깊이 공감하였어요. 그리하여 우선 맹획을 풀어 주어 오랑캐들의 심정을 달래 주기로 하였어요. 그러나 맹획은 풀려난 뒤 다시 반란을 일으키기를 반복했어요. 하지만 그때마다 제갈량 역시 맹획을 붙잡은 뒤 풀어 주기를 반복했어요. 그렇게 하기를 일곱 번, 마침내 맹획은 제갈량에게 감동하여 스스로 그의 부하가 되었어요. 여기서 '일곱 번 놓아 주고 일곱 번 잡는다'라는 '칠종칠금'이 나와 '상대를 마음대로 다룬다'는 뜻으로 사용되고 있어요.

제갈량과 출사표

출사표란 신하가 적을 정벌하러 떠나기 전에 황제나 왕에게 올리는 글이에요. 그중 가장 널리 알려진 것이 바로 제갈량의 출사표예요. 촉한의 재상이었던 그는 위나라를 토벌하러 떠날 때 황제인 유선에게 글을 올렸어요. '신 제갈량 고합니다'로 시작되는 출사표는 자신이 이 전쟁에서 돌아오지 못할 것이라 여겨 유선이 나라를 다스릴 때 잊지 말아야 할 사항들을 적어 놓은 것이에요. 애국심과 충성심이 절절히 새겨진 제갈량의 출사표는 후세에도 널리 알려졌어요. 그래서 이것을 보고 울지 않으면 충신이 아니라는 말까지 생겨날 정도였어요.

타산지석
다른 이의 하찮은 언행에서 교훈을 얻어요

2학년 2학기 통합 교과 우리나라 – 우리나라와 이웃 나라
6학년 1학기 사회 1. 우리 국토의 위치와 영역
6학년 2학기 사회 2. 세계 여러 지역의 자연과 문화

他	山	之	石
다를	산	~의	돌
타	산	지	석

옛날 중국에 있던 산인 타산에 얽힌 이야기예요.

타산은 너무나 볼품이 없어 아무도 찾아오는 이가 없는 산이었어요. 다른 산처럼 높은 봉우리가 있어 정상에 오르면 멋진 정경이 펼쳐지는 것도 아니었고요. 또 다른 산처럼 나무가 푸르게 우거져 시원한 그늘을 제공해 주지도 못했지요. 퍼석하게 말라붙은 타산의 토양에서는 나무가 자라기는커녕 풀 한 포기 싹을 틔우기도 힘들어 보였어요.

상황이 이러니 타산의 주인은 매일같이 속이 타들어갔어요. 그도 그럴 것이

명색이 산을 가졌음에도 자신에게 아무런 이익이 되지 않았으니까요.

"어이구, 제발 저 산 좀 어디다 치워 버렸으면 좋겠구나. 하지만 어디다 버리려 해도 버릴 수 있는 물건이어야 말이지. 내 답답한 심정을 누가 알아줄꼬!"

타산의 주인은 날마다 산을 바라보면서 한숨을 지었어요.

그러던 어느 날 한 사내가 타산의 주인을 찾아와 만나기를 청했어요. 그리고 자신에게 타산을 팔지 않겠느냐고 제의하였어요. 타산의 주인은 깜짝 놀라 물었지요.

"지금 그 말 진심이시오?"

"그렇소이다. 당신이 가지고 있는 타산을 나에게 파시오."

"아니, 어찌하여 저 산을 사려고 하시오? 저 산은 어디에도 쓸모가 없어 사람들조차 발걸음을 하지 않는 산이오."

그러자 사내는 웃으며 이렇게 말했어요.

"당신에게는 쓸모없는 산일지 몰라도 나에게는 꼭 필요한 산이오. 사실 나는 아직 다듬지 않은 구슬을 많이 가지고 있소. 그런데 지난번 우연히 타산에 올라 그곳에 있는 돌로 구슬을 갈았더니 마치 옥과 같이 아름답게 변하였소. 그때부터 타산은 나에게 아주 귀한 산이 되었다오."

타산의 주인은 그제야 사내의 말에 납득하며 고개를 끄덕였어요. 아무짝에도 쓸모없어 보이던 타산도 누군가에게는 도움이 될 수 있다는 것을 깨달은 거예요. '다른 산의 돌'이라는 뜻의 '타산지석'은 다른 산의 나쁜 돌도 자신의 옥돌을 가는 데 쓸 수 있다는 뜻으로 쓰여요. 원래 이 말은 사서삼경 중 하나인 『시경』에 나온 말이에요. 돌을 소인에 비유하였고 옥을 군자에 비유하였던 거예요. 군자도 소인에 의해 자신의 지식과 인격을 쌓을 수 있다는 말이에요. 그래서 타산지석은 오늘날 '다른 사람의 하찮은 언행에서 교훈을 얻다'라는 의미로 많이 쓰여요.

타산지석과 비슷한 뜻을 가진 말로 반면교사가 있어요. 반면교사란 극히 나쁜 면만을 가르쳐 주는 스승이란 뜻이에요. 사물의 좋지 않은 것에서 얻는 깨달음이나 가르침을 주는 대상을 의미하지요. 그러니까 누가 잘못을 하여 일을 망치게 되면 "반면교사로 삼자"란 말을 할 수 있어요. 일을 망치게 된 것을 교훈 삼아 그렇게 하지 말자는 의미를 가지는 거예요.

反	面	敎	師
돌이킬	얼굴	가르칠	스승
반	면	교	사

토사구팽
토끼를 잡고 나면 사냥개를 삶아 먹어요

2학년 2학기 통합 교과 우리나라 – 우리나라와 이웃 나라
3학년 2학기 국어 6. 서로의 생각을 나누어요
6학년 1학기 사회 1. 우리 국토의 위치와 영역
6학년 2학기 사회 2. 세계 여러 지역의 자연과 문화

兎	死	狗	烹
토끼	죽을	개	삶을
토	사	구	팽

　유방은 초나라의 항우를 몰아내고 천하를 통일했어요. 이때 한신, 소하, 장량 세 사람을 특히 가장 큰 공을 세운 공신으로 우대하였어요. 그중 한신은 초왕으로까지 임명되었어요.

　그런데 이듬해에 유방은 한신이 과거 초나라의 항우 밑에서 용맹을 떨쳤던 장군 종리매를 돌보아 주고 있다는 사실을 알게 되었어요. 화가 난 유방은 한신에게 종리매를 당장 붙잡아 오라고 명령하였어요. 그러나 한신은 오히려 옛 친구인 종리매를 숨겨 주었어요.

사실 유방은 한신의 세력이 점점 커지는 듯하여 그를 경계하고 있었어요. 그런데 때마침 이런 일이 터지자 유방은 이 기회에 한신을 제거하기로 마음먹었어요. 그래서 신하인 진평을 불러 물었어요.

"종리매의 일을 구실 삼아 한신을 없애 버리려 한다. 네가 생각하기에 한신을 어찌 처리하면 좋겠느냐?"

그러자 진평이 대답하였어요.

"옛날에 천자는 제후들을 한자리에 모이게 하는 풍습이 있었습니다. 그러니 폐하께서도 제후들을 모두 모이게 하십시오. 만약 그 틈을 타서 한신을 사로잡는다면 아무런 문제가 없을 것입니다."

유방은 진평의 계책에 따라서 제후들을 모두 모이게 하였어요. 그러나 한신은 이 연락을 받고 어쩐지 의구심이 들었어요. 그때 한 측근이 그에게 종리매의 목을 가지고 가면 유방의 의심이 풀릴 것이라고 권하였어요. 그러나 한신은 차마 친구의 목을 벨 수 없었어요. 그래서 고민을 거듭하다 결국 종리매에게 사정을 털어놓았어요. 그러자 종리매는 벌컥 화를 내며 자리에서 일어섰어요.

"자네는 정녕 내 목으로 유방의 마음을 돌릴 수 있다고 보는가? 자네가 내 목을 가지고 가겠다면 지금 당장 내 손으로 죽어 주겠네. 하지만 내 장담하건대 내가 죽고 나면 다음은 자네 차례일세!"

그리고 그는 그 자리에서 스스로 목숨을 끊고 말았어요. 한신은 그 목을 가지고 제후들의 모임에 참석하였지요. 그러나 결국 한신도 역적으로 몰리고 말았어요. 그러자 한신은 한탄하며 말했답니다.

"역시 세상 사람들 말대로구나. 교활한 토끼를 사냥하고 나면 좋은 사냥개가 삶아 먹히고 적국을 쳐부수고 나면 지혜 있는 신하는 버림을 받는다더니! 이번에는 내가 유방에게 죽게 되었구나."

유방은 그 자리에서 한신을 죽이지는 않았지요. 그러나 한신은 나중에 결국 죽임을 당하고 말았어요. '사냥하러 가서 토끼를 잡고 나면 사냥하던 개는 쓸모가 없게 되어 삶아 먹는다'는 뜻의 '토사구팽'은 이처럼 '필요할 때는 이용하다가 쓸모없어지면 야박하게 버린다'는 의미로 사용돼요.

달면 삼키고 쓰면 뱉는 감탄고토

토사구팽은 우리 속담 중 '달면 삼키고 쓰면 뱉는다'와 비슷한 뜻을 가지고 있어요. 또 이 속담을 사자성어로 바꾸면 감탄고토라고 해요. 감탄고토는 자신이 필요할 때는 간이라도 빼 줄 듯 호감을 사면서 이용하고는 필요 없어지면 언제 그랬냐는 듯이 사람을 내치는 경우를 비유하는 말이에요. 한신도 바로 그런 경우를 당한 거예요.

甘	呑	苦	吐
달	삼킬	쓸	토할
감	탄	고	토

파죽지세
대나무를 쪼개듯 거침없는 기세

2학년 2학기 통합 교과 우리나라 - 우리나라와 이웃 나라
3학년 1학기 국어 10. 생생한 느낌 그대로
6학년 1학기 사회 1. 우리 국토의 위치와 영역
6학년 2학기 사회 2. 세계 여러 지역의 자연과 문화

破	竹	之	勢
깨뜨릴	대나무	~한	기세
파	죽	지	세

중국 위나라의 사마염이라는 사람은 왕을 폐위시키고 자신이 왕의 자리에 올랐어요. 그리고 스스로를 무제라 일컫고 국호를 진이라 하였어요. 셋으로 나뉘었던 중국은 이때부터 오나라와 진나라가 대립하는 형국이 되었어요.

한편 진나라의 무제가 된 사마염은 남쪽의 기름진 땅을 차지하고 있는 오나라가 욕심나기 시작했어요. 마침내 그는 두예에게 명령했어요.

"두예, 그대는 내 뜻에 따라 오나라와 전쟁을 시작해라. 그리고 반드시 그들의 성에 우리 진나라의 깃발을 꽂도록 하라."

"예, 폐하. 뜻대로 하겠나이다."

사마염의 명령을 받은 두예는 순식간에 오나라의 형주 땅을 점령했어요. 그리고 이듬해에 남은 지역을 공략할 마지막 작전 회의를 열었어요.

이 자리에서 한 장수가 건의하였어요.

"지금 오나라를 치면 불리합니다."

"어찌하여 그리 생각하느냐?"

"요즘은 봄비가 잦아 강물이 넘칠 수 있는 데다 전염병이 언제 발생할지 모르기 때문입니다. 그러니 일단 물러섰다가 겨울에 다시 공격하는 것이 어떻겠습니까?"

이에 두예는 단호하게 말했어요.

"그건 말도 안 되네. 지금 우리 군의 사기는 마치 대나무를 쪼갤 듯한 기세라네. 대나무란 두세 마디만 쪼개면 그다음부터는 칼날을 대기만 해도 저절로 쪼개지는 법일세. 어찌 이런 절호의 기회를 버릴 수 있단 말인가?"

그러자 다른 장수들도 덩달아 입을 모아 두예의 말에 공감했어요.

"두예 대장군의 말씀이 옳다고 생각하오."

"나도 그렇게 생각하오! 전세가 우리 편에 기울었을 때 확실하게 오나라를 무너뜨려야 하오."

결국 두예는 모든 군사를 거느리고 오나라 도읍인 건업을 공격하였어요. 이에 오나라는 크게 패하였고요. 오나라의 왕 손호가 항복의 표시를 알려 왔어요. 그리고 중국은 진에 의해 통일되었어요. 여기에서 '대나무를 쪼개는 기세'라는 뜻의 '파죽지세'는 '강한 세력으로 거침없이 적을 물리치고 쳐들어가는 모양'을 의미하는 말로 쓰이게 되었어요.

아침 해가 떠오르듯이, 욱일승천

파죽지세와 비슷한 의미의 말로는 욱일승천이 있어요. 욱일승천이란 아침 해가 떠오르는 모습을 말해요. 한 번 떠오르는 해는 아무도 막을 수 없고요. 아침 해가 떠오르면 그 빛이 강해져 세상은 모두 밝아져요. 그러니까 파죽지세와 같은 모습이에요. 또 비슷한 말로는 싸움에 이긴 형세를 타고 계속 몰아침을 의미하는 승승장구가 있어요.

旭	日	昇	天
아침 해	날	오를	하늘
욱	일	승	천

함흥차사
한 번 가면 소식이 끊겨요

5학년 1학기 사회 3. 유교 전통이 자리 잡은 조선

咸	興	差	使
다	일으킬	일곱	사신
함	**흥**	**차**	**사**

조선의 제3대 임금인 태종 이방원 때의 일이에요.

태종의 아버지 태조 이성계는 조선을 세운 장본인이었어요. 그러나 그의 아들들은 두 번씩이나 피 튀기는 왕위 다툼을 하여 아버지의 마음을 슬프게 하였어요. 이것을 제1·2차 왕자의 난이라 불러요.

태조 이성계는 그 모습이 보기 싫어 정종에게 왕위를 물려주고 고향인 함흥으로 내려가 버렸어요. 그러나 정종의 시대는 오래가지 못했고요. 그 뒤를 이어 태종 이방원이 왕의 자리에 올랐어요.

태종은 부자지간의 사이가 좋지 않으면 불효라 여겨 여러 번 함흥으로 차사를 보내 아버지를 모셔 오도록 하였어요. 하지만 매우 화가 나 있던 태조 이성계는 차사가 오기만 하면 활을 쏘아서 즉시 죽여 버리거나 잡아 가두었어요. 그래서 함흥으로 떠난 차사 치고 다시 한양으로 돌아온 사람은 아무도 없었지요.

이런 상황이 계속되자 태종 이방원은 과거에 태조와 친분이 두터웠던 성석린을 내려보냈어요. 그러나 그 역시 태조를 움직이는 데에는 실패하였어요.

그러자 태종은 이번엔 무학 대사를 내려보냈어요. 불심이 깊었던 태조가 무학 대사를 만나면 마음이 움직일 것이라 예상했던 거예요. 무학 대사는 함흥으로 내려가 태조와 함께 지내면서 말했어요.

"그동안 고생하며 만든 국가를 남에게 주는 것보다는 여러 힘든 일을 같이 겪은 태종에게 주는 것이 낫지 않겠습니까?"

무학 대사의 말에 마음이 움직인 태조 이성계는 마침내 한양으로 돌아올 결심을 하였어요.

드디어 태조 이성계가 함흥을 떠나 풍양쯤 도착했을 때였어요. 태종 이방원은 친히 아버지를 마중 나갔어요. 그런데 조선의 공신이었던 하륜은 태종 이방원에게 미리 이렇게 충고하였어요.

"아버님을 마중 나갈 때 햇빛을 가리는 차일 가운데 큰 나무로 기둥을 세워 놓으십시오. 그것이 혹시나 있을지 모를 화를 면하게 해 줄 것입니다."

아니나 다를까 하륜의 말대로였어요. 태조 이성계는 태종 이방원의 얼굴을 보자

불현듯 증오심이 폭발했어요. 그래서 태종 이방원을 향해 활을 쏘아 버렸지요. 태종 이방원은 재빠르게 기둥 뒤로 몸을 피했고요. 화살은 그 기둥에 정확히 박혔어요. 태조 이성계가 있는 '함흥으로 보낸 차사'라는 말에서 나온 '함흥차사'는 '심부름을 가서 오지 아니하거나 늦게 온 사람'을 이르는 말이 되었어요.

태종과 왕자의 난

왕자의 난이란 조선 초기에 왕위 계승권을 둘러싸고 태조 이성계의 아들들 사이에 벌어진 난을 뜻해요. 당시 태조 이성계는 둘째 부인 강씨에게서 난 어린 아들인 방석을 세자에 책봉하였지요. 그러자 첫째 부인 한씨에게서 난 아들들이 반발하여 난을 일으켰어요. 이때 다섯째 아들 방원이 일으킨 '제1차 왕자의 난'을 '방원의 난' 또는 '무인정사'라고 해요. 또 넷째 아들 방간이 일으킨 '제2차 왕자의 난'을 '방간의 난'이라고 해요. 결국 두 차례의 싸움이 지난 뒤 태조 이성계의 셋째 아들 방원이 왕위에 올랐는데요. 그가 바로 세종대왕의 아버지인 태종이에요.

형설지공
눈 빛과 반딧불에 의지해서 공부해요

6학년 1학기 사회 1. 우리 국토의 위치와 영역
6학년 2학기 사회 2. 세계 여러 지역의 자연과 문화

螢	雪	之	功
반딧불	눈	~의	공
형	**설**	**지**	**공**

중국 진나라 때 사람인 손강과 차윤의 이야기예요.

손강은 어린 시절부터 성품이 곧고 발라서 말과 행동을 함부로 하지 않았고 학업에도 최선을 다했어요. 하지만 그의 집은 매우 가난하여 등불을 켤 기름을 살 돈도 없는 형편이었어요. 그래서 손강은 겨울이면 눈에 반사되는 달빛에 의지해 책을 읽어야 했어요.

한편 차윤 또한 성품이 부지런했으며 널리 보고 들은 것이 많아 학식이 풍부하였어요. 그러나 그 역시 집이 가난하여 등불을 켤 기름을 얻을 수 없었어요.

그래서 여름밤이면 얇은 비단 주머니에 반딧불을 수십 마리를 담아 그 빛에 의지해 책을 읽었어요.

그러던 어느 날 손강은 차윤을 만나러 그의 집으로 찾아갔어요. 그런데 몇 번이나 문을 두드려 보아도 나오는 이가 없었어요. 손강은 차윤을 찾아 그 주변을 돌아보았어요.

그때 마침 뒷산 언저리에서 반딧불을 잡고 있는 차윤의 모습이 눈에 띄었지요. 손강은 의아해졌어요. 공부를 하는 선비가 어째서 책은 읽지 않고 반딧불을 잡으러 다니는지 이해가 되지 않았던 거예요. 손강은 차윤을 쫓아 뒷산으로 향했어요. 차윤은 반딧불을 잡느라 정신이 없어 손강이 찾아온 것도 모르고 있었어요.

"이보게, 차윤. 자네는 왜 여기에서 반딧불을 잡고 있는 겐가?"

차윤은 손강을 보고 깜짝 놀라 얼굴이 붉게 달아올랐어요.

"실은 집에 기름이 떨어졌는데 다시 살 돈이 마땅치 않아 반딧불을 잡고 있네. 반딧불을 모아서라도 책을 읽으려고 말일세."

그러고는 손강에게 되물었지요.

"그러는 자네는 왜 글공부를 하지 않고 나를 찾아왔는가? 혹시 무슨 일이라도 있는 것인가?"

그러자 손강도 머리를 긁적이며 말했어요.

"실은 나도 마찬가지일세. 겨울에는 눈에 반사되는 달빛에 책을 읽었지만 오늘은 달빛도 없어 자네를 찾아왔다네. 그런데 자네는 반딧불로도 책을 읽었구먼. 내가 한 수 배웠네."

이렇게 손강과 차윤은 서로를 알아보며 더욱 학문에 매진했어요. 그리고 훗날 손강은 관원을 단속하는 관청의 장관이, 차윤은 중앙 정부의 고급 관리가 되어 세상에 이름을 떨쳤어요. 그리고 '반딧불·눈과 함께하는 노력'이라는 뜻의 '형설지공'은 '어려운 처지에도 꾸준히 학문에 힘쓰는 자세'를 일컫는 말이 되었어요.

힘들어도 주경야독

형설지공과 비슷한 뜻을 가진 말로 주경야독이 있어요. 주경야독이란 낮에는 농사를 짓고 밤에는 글을 읽는다는 뜻이지요. 곧 어려운 여건 속에서도 꿋꿋이 공부함을 가리키는 말이에요. 주경야독 또한 북위 때의 사람인 최광이 집안이 가난함에도 불구하고 학문을 좋아하여 낮에는 밭을 갈고 밤에는 책을 읽었다는 데에서 나온 말이에요. 이후 최광은 손강과 차윤처럼 높은 벼슬에 올랐어요.

晝	耕	夜	讀
낮주	밭갈	밤야	읽을
주	경	야	독

호가호위
남의 권세를 빌려 허세를 부리는 것

2학년 2학기 통합 교과 우리나라 - 우리나라와 이웃 나라
6학년 1학기 사회 1. 우리 국토의 위치와 영역
6학년 2학기 사회 2. 세계 여러 지역의 자연과 문화
6학년 2학기 도덕 10. 참되고 숭고한 사랑

狐 假 虎 威
어우 빌 범 위세
호 가 호 위

중국 전국 시대에 초나라에서 생겼던 일이에요.

어느 날 초나라의 선왕은 여러 신하를 불러 놓고 물었어요.

"북쪽의 여러 나라가 우리 재상인 소해휼을 두려워한다던데 사실이오?"

그러나 신하들은 모두 잠자코 아무런 대답도 하지 않았어요. 당시 선왕은 소해휼의 세력이 커지는 것을 불안해하여 은근히 견제하고 있었어요. 그래서 신하들은 소해휼에 대해 섣불리 말했다가 선왕의 분노를 살까 두려웠던 거예요. 그때 조용하던 신하들 속에서 강을이란 사람이 앞으로 나섰어요.

"전하! 신이 한 가지 떠오른 이야기가 있는데 들려 드려도 되겠는지요?"

"오, 그래. 무슨 이야기인지 어디 말해 보시오."

"온갖 동물을 잡아먹고 사는 호랑이가 한 번은 여우 한 마리를 잡았습니다. 그런데 여우가 말하기를 '그대는 감히 나를 잡아먹을 수 없다. 하늘이 나로 하여금 모든 짐승의 우두머리가 되도록 하였으니 지금 그대가 나를 잡아먹는다면 이는 하늘의 명을 거역하는 것이다. 그대가 나를 믿지 못하겠거든 내가 그대 앞에 갈 터이니 내 뒤를 따라와라. 그리고 나를 보고도 도망가지 않는 동물이 있는지를 보아라'라고 하였습니다.

그리하여 호랑이는 여우를 따라 길을 나섰지요. 그러자 동물들은 모두 그들을 보고 도망쳐 버렸습니다. 하지만 이것은 결코 여우가 두려워 도망친 것이 아닙니다. 바로 여우의 뒤에 있던 호랑이를 보고 뒷걸음질을 친 것이지요."

선왕과 신하들은 강을이 도대체 무슨 이야기를 하는지 알 수 없어 어리둥절하였어요. 마침내 선왕이 물었어요.

"지금 자네는 무슨 뜻으로 그 이야기를 하는 것인가?"

그러자 강을은 단호한 목소리로 대답했어요.

"전하! 지금 사방 5천 리의 대국을 다스리시는 것은 전하이시며, 100만 대군을 통솔하시는 것 또한 전하이십니다. 그러하온데 전하께서는 모든 병력을 소해휼에게 맡기고 계십니다. 북쪽의 여러 나라는 모두 소해휼을 두려워하고 있습니다. 그것은 무엇 때문이겠습니까? 좀 전의 이야기를 떠올려 보십시오. 짐승들이 무서워한 것은 호랑이였습니다. 마찬가지로 북쪽의 여러 나라가 두려워하는 것은 바로 소해휼의 뒤에 있는 전하이시며 전하의 군대입니다."

 이렇듯 강을은 북쪽의 여러 나라가 두려워한 것은 소해휼이 아니라 선왕이라는 사실을 깨우쳐 주었지요. 그리고 소해휼에 대한 선왕의 의구심을 풀어 주었어요. 여기에서 '여우가 호랑이의 위세를 빌려 호기를 부린다'는 뜻의 '호가호위'는 '남의 권세를 빌려 허세를 부린다'는 말로 쓰이게 되었어요.

서로 다른 사상을 자유롭게 논했던 백가쟁명

세계 역사상 유례를 찾아볼 수 없을 정도로 많은 나라와 다양한 인물과 철학이 생긴 시기가 바로 중국의 춘추 전국 시대예요. 공자, 맹자 등의 사상가도 모두 이때 인물이에요. 이처럼 춘추 전국 시대는 수많은 사상가가 나타나 저마다의 사상으로 세상을 통일하려고 했어요. 이런 수많은 사상과 사상가를 한마디로 이르는 말이 백가(百家)이고요. 그들이 서로의 사상을 가지고 다투는 것을 쟁명(爭鳴)이라고 해요. 그래서 백가쟁명이란 수많은 학자나 학파가 자신들의 사상을 자유로이 논하는 것을 뜻해요.

百	家	爭	鳴
일백	집	다툴	울
백	가	쟁	명

나비가 되었던 장자의 꿈

호접지몽

2학년 2학기 통합 교과 우리나라 – 우리나라와 이웃 나라
6학년 1학기 사회 1. 우리 국토의 위치와 영역
6학년 2학기 사회 2. 세계 여러 지역의 자연과 문화

胡	蝶	之	夢
오랑캐 이름	나비	~의	꿈
호	접	지	몽

어느 날 장자는 잠을 자다 신기한 꿈을 꾸었어요. 꿈속에서 그는 사람의 몸이 아닌 나비가 되어 있었지요.

"아니, 이것이 어찌 된 일인가! 마치 나비처럼 내가 날고 있구나!"

장자는 신이 나서 꽃 사이를 자유롭게 날아다녔어요.

다음 날 아침 잠에서 깨어난 장자는 사람의 몸으로 돌아온 자신을 확인하고 이렇게 중얼거렸어요.

"꿈에서 나는 분명 나비였는데 잠을 깨고 보니 어느새 두 날개가 사라졌구나."

그때 장자의 친구 한 명이 그를 찾아왔어요. 친구는 자꾸만 제 몸을 살펴보며 생각에 잠겨 있는 장자에게 이렇게 물었어요.

"이보게, 친구가 왔는데 쳐다보지도 않고 왜 그러고 있나?"

그러자 장자는 친구에게 이야기를 털어놓았어요.

"내 지난밤 꿈속에서 나비가 되었는데 꿈을 깨어 보니 이렇듯 사람의 몸으로 돌아와 있지 뭔가. 그런데 나비가 되었던 것이 너무도 생생하여 그것이 본래 내 모습인지, 아니면 사람의 몸을 한 지금이 진짜 내 모습인지 혼란스럽구려."

"사람도 참, 그런 일을 가지고 이리도 심각하게 고민하는가? 나비인 자네의 모

도가 사상과 무위자연

노자는 중국 고대의 철학자예요. 그의 사상은 한마디로 무위자연이라고 할 수 있어요. 무위자연은 사람이 전혀 손대지 않은 있는 그대로의 자연을 말해요. 다시 말해 사람은 우주의 근본이며, 자연의 법칙에 따라 살아야 한다는 거예요. 이러한 노자의 사상을 계승한 사람은 장자예요. 그는 노자와 마찬가지로 도를 천지 만물의 근본 원리라고 보았어요. 뿐만 아니라 장자는 노자의 사상을 이어받아 사람들에게 자연과 무(無)로 돌아갈 것을 설파했어요.

無	爲	自	然
없을	할	스스로	그럴
무	위	자	연

습도, 사람인 자네의 모습도 어차피 다 같은 장자일 뿐이네."

순간 친구의 말을 들은 장자의 머릿속에 한 가지 생각이 번쩍 스치고 지나갔어요.

'그래! 현실의 모습으로 따져 보면 꿈속의 나비였던 나와 지금의 나는 분명히 구별된다. 하지만 본질은 장자인 나 하나이니 구별은 무의미하지 않은가.'

결국 큰 깨달음을 얻은 장자는 이것을 널리 전파하며 세상을 이롭게 하고자 노력하였어요. 여기에서 나온 '나비가 된 꿈'이라는 뜻의 '호접지몽'은 '만물이 하나'라는 의미예요. 현실과 꿈이 구별되지 않는 것을 가리키기도 하고, 인생의 덧없음을 비유하는 말로 쓰이기도 해요.

거의 비슷한 대동소이

대동소이는 크게 보면 서로 같고 작게 보면 각각 다르다는 뜻을 가지고 있어요. 장자는 자신의 책 『장자』에서 대동소이에 대해 말했어요. "하늘은 땅보다 낮고, 산은 연못보다 편평하다. 해는 중천에 뜨지만 곧 기울어지고, 만물은 태어나지만 곧 죽는다. 만물은 크게 보면 한 가지이지만 작게 보면 각각 다르다." 이 말은 곧 만물은 같기도 하고 다르기도 하다는 말로 그의 사상과 서로 뜻이 통하는 거예요. 오늘날 대동소이는 '큰 차이가 없이 거의 같음'을 가리키는 말로 주로 쓰여요.

大	同	小	異
큰	같을	작을	다를
대	동	소	이

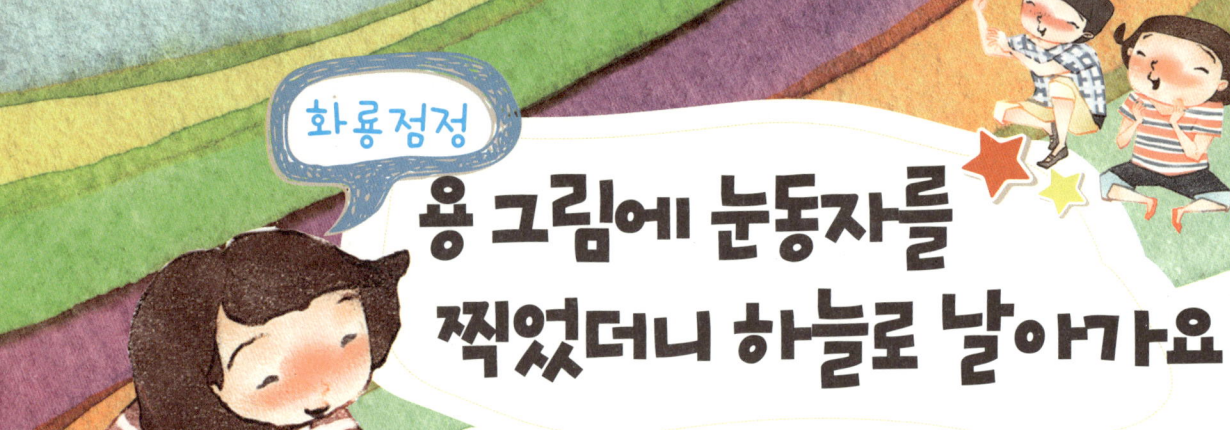

화룡점정

용 그림에 눈동자를 찍었더니 하늘로 날아가요

2학년 2학기 통합 교과   우리나라 – 우리나라와 이웃 나라
6학년 1학기 사회   1. 우리 국토의 위치와 영역
6학년 2학기 사회   2. 세계 여러 지역의 자연과 문화

畫	龍	點	睛
그릴	용	점찍을	눈동자
화	룡	점	정

중국 남북조 시대에 남조인 양나라에는 장승요라는 사람이 살고 있었어요. 그는 어찌나 그림을 잘 그렸던지 그가 그린 그림은 실제와 똑같아 주위에 명성이 자자했어요.

어느 날 장승요의 집에 안락사의 주지 스님이 찾아왔어요.

"스님, 저의 집까지 어쩐 일이십니까?"

장승요는 반갑게 스님을 맞이하였어요. 그러자 스님이 말했어요.

"내 한 가지 부탁이 있어 자네를 찾아왔네."

"무슨 일이신지 말씀해 보시지요."

"실은 안락사 불당의 벽에 벽화를 그리려 하는데 자네가 그 일을 맡아 주었으면 하네만. 가능하겠는가?"

장승요는 흔쾌히 스님의 부탁을 들어주었어요. 그리고 다음 날부터 안락사에 나가 벽화를 그리기 시작하였어요. 그는 꿈틀대며 금방이라도 하늘로 날아오를 듯한 두 마리의 용을 불당의 벽에 그려 넣었어요. 그런데 이상하게도 용의 머리에는 하나같이 눈동자가 빠져 있었어요. 이를 이상하게 여긴 사람들은 장승요에게 그 이유를 물어보았지요.

"왜 용의 눈동자를 그리지 않으십니까?"

그러자 장승요는 이렇게 말했어요.

"용의 눈동자에 점을 찍어 완성시키면 용은 당장 벽을 박차고 하늘로 날아가 버리고 말 것입니다. 그것을 염려하여 눈동자를 그려 넣지 않은 것이지요."

그의 엉뚱한 대답에 사람들은 황당한 생각이 들어 수군댔어요.

"벽화로 그린 용이 어찌 살아 움직일 수 있단 말인가. 말도 안 되는 소리일세."

"맞네. 아무리 장승요의 그림 솜씨가 뛰어나다고 하지만 용이 그림에서 빠져나와 날아가 버린다는 게 가당키나 한 일인가? 참으로 어이가 없네그려."

상황이 이렇게 되자 그는 사람들의 성화에 못 이겨 하는 수 없이 붓을 들었어요. 그러나 장승요는 두 마리의 용 중 단 한 마리에만 눈동자를 휙 하니 찍어 넣었어요.

　바로 그때였어요. 갑자기 천둥과 번개가 요란하게 울리며 그림 속에 있던 용이 꿈틀대기 시작했어요. 그러고는 과연 장승요의 말대로 몸을 비틀어 그림 속을 빠져나와 비늘이 번뜩이는 긴 몸을 유유히 흔들며 하늘로 올라가 버렸어요. 그러나 눈동자를 그려 넣지 않은 나머지 한 마리 용은 여전히 벽화 속에 남아 있었어요. 이 이야기에서 '용을 그리고 마지막으로 눈동자를 그린다'라는 뜻의 '화룡점정'은 '가장 중요한 부분을 완성하여 일을 끝냄'을 비유하는 말로 쓰이게 되었어요.

시작은 용처럼, 끝은 뱀처럼

화룡점정 말고 '용'이 들어가는 말로는 용두사미도 있어요. 용두사미란 머리는 용이고 꼬리는 뱀이라는 뜻이에요. 처음에는 요란하지만 그 결과는 볼품없이 흐지부지한 것을 가리켜요. 어떤 일이든지 소리만 요란한 처음보다는 끝을 원하는 대로 잘 맺는 것이 가장 중요해요.

龍	頭	蛇	尾
용	머리	뱀	꼬리
용	**두**	**사**	**미**